Luzia Sutter Rehmann

Vom Mut, genau hinzusehen

Feministisch-befreiungstheologische Interpretationen zur Apokalyptik

Inhalt

Vorwort zur Neuausgabe

Das hier neu vorgelegte Buch habe ich vor gut 25 Jahren geschrieben. Die Apokalypse des Johannes so zu lesen, dass sie verständlicher wird, dass einzelne Bilder zu uns sprechen, war mir damals und ist mir auch heute ein Anliegen. Das 1998 im Exodus-Verlag erschienene Buch hat viele LeserInnen gefunden und – was mich besonders gefreut und bewegt hat – den Marga Bührig Förderpreis erhalten. Die Preisurkunde der Stiftung von 1999 lobt »den Mut, Texte ganz genau zu lesen, gegen den Strich, und Frauen sichtbar werden zu lassen, die in der traditionellen Leseweise kaum gesehen werden.« Die exegetischen Ansätze und Erkenntnisse musste ich bei der Überarbeitung kaum korrigieren.

War das Büchlein damals »all jenen Frauen gewidmet ...« – so stimmt das heute nicht mehr. Der Kreis der Lesenden hat sich erweitert. Gerne widme ich es auch jenen Männern, die mit mir biblische Texte gelesen haben als Studenten, Kursteilnehmer, Interessierte oder Kollegen. Ich kann heute auch nicht mehr einfach von »Frauenerfahrungen« reden, ohne nachzuprüfen, ob der Ausdruck genau das bezeichnet, was ich meine. Die LGBTIQ*-Bewegung ist mir näher gekommen und ich habe von nonbinären Personen und Trans*menschen viel gelernt. Während des Überarbeitens vergegenwärtige ich mir auch verstärkt die Stimmen postkolonialer TheologInnen. Intersektionalität[1], d.h. die Tatsache, dass sich mehrere Unterdrückungsmechanismen treffen und verstärken können, erscheint mir heute zentraler, als ich es damals sehen konnte. Meine Sichtweise ist also bunter geworden und das darf sich auch sprachlich abbilden.

Nach der Erstveröffentlichung des Buches wurde mein exegetischer Blick durch die Mitarbeit am großen Übersetzungsprojekt der Bibel, der »Bibel in gerechter Sprache« geschärft.[2] Die »BigS« ist noch immer die einzige deutschsprachige Übersetzung, die sorgfältig antijudaismuskritisch und feministisch mit den Texten umgeht. Ich habe alle Übersetzungen in diesem Buch geprüft, teilweise ausgetauscht. Weil aber jede Übersetzung ihre Grenzen hat, benutze ich gern verschiedene neben einander. Manchmal lässt sich schon allein durch Übersetzungsvergleiche erkennen, wo sich Schwachstellen und theologische Interessen verbergen.

Meine Forschungen zum Hunger und zu den Dämonen im Neuen Testament, die zu meinen beiden letzten Buchveröffentlichungen geführt haben,[3] haben meine befreiungstheologische Option für die Armen verstärkt. Ich kann die Evangelien oder die Offenbarung des Johannes nicht mehr lesen, ohne die von Krieg und Gewalt traumatisierte Bevölkerung dieser Zeit wahrzunehmen. Gleichzeitig sehe ich beim Lesen biblischer Texte die kriegsver-

1 Kimberlé Crenshaw, Mapping the Margins: Intersectionality, Identity Politics, and Violence against Women of Color. In: Stanford Law Review. Band 43/6, 1991, 1241-1299.

2 Die Bibel in gerechter Sprache (BigS) ist 2006 erschienen. Ich durfte das Lukasevangelium dafür übersetzen.

3 Luzia Sutter Rehmann, Wut im Bauch. Über Hunger im Neuen Testament. Gütersloh: Gütersloher Verlagshaus, 2. durchgesehene Aufl. 2016; Luzia Sutter Rehmann: Dämonen und unreine Geister. Die Evangelien, gelesen auf dem Hintergrund von Krieg, Vertreibung und Trauma. Gütersloh: Gütersloher Verlagshaus 2023.

sehrten Städte von heute und Vertriebene aus vielen Ländern vor mir. Bei der Überarbeitung habe ich die ursprüngliche Argumentation beibehalten, mich aber nicht gescheut, teilweise auch stärker in den Text einzugreifen, damit er auf dem gegenwärtigen Reflexionsstand ist und in der heutigen Zeit funktioniert.

Auf der politisch-gesellschaftlichen Ebene hat sich viel verändert. Neue Krisen sind zu den damaligen hinzugekommen. Sie greifen in unseren Alltag ein, ob wir politisch bewusst leben oder nicht. Hitzewellen und Dürreperioden machen uns zu schaffen und wir müssen erkennen, dass sie wie Überflutungen und Stürme nicht Vorboten des Klimawandels, sondern bereits Teil einer neuen Realität sind. Zu dieser neuen Realität gehört auch das Erschrecken über den Angriffskrieg Russlands in der Ukraine. Ich habe gemerkt, wie wenig ich über die Geschichte der Ukraine weiß und lese seither viel und gerne ukrainische Literatur[4]. Mein Horizont erweitert sich dadurch und ich finde es höchste Zeit, dass wir den Menschen in Osteuropa zuhören. Es gibt Zeiten, in denen es schwierig ist, das Richtige zu tun – und gefährlich, nichts zu tun.

Auch wenn sich der politische Hintergrund der biblischen Texte und der Lesenden heute historisch gesehen fundamental unterscheidet, können wir von den biblischen Geschichten lernen. Dafür müssen wir sie aber sehr genau in ihrem historischen Entstehungskontext *und* in unseren gegenwärtigen Krisen lesen. Nur wenn wir auf beiden Augen aufmerksam bleiben, entdecken wir Verbindungslinien und die überraschende Stärke dieser Geschichten. Ich bin überzeugt, dass uns biblische Texte Kraft und Sprache

4 Etwa Andrej Kurkow, Graue Bienen. Roman, Zürich 2021; Tanja Maljartschuk, Gleich geht die Geschichte weiter – wir atmen nur aus. Essays. Köln 2022.

geben können, um realistisch in die Welt zu blicken und doch den Mut nicht zu verlieren. Gerade die apokalyptischen Texte blenden Zerstörungsmächte nicht aus, sondern suchen nach Worten und Bildern, sie aus ihrem Versteck zu hieven. Sie erzählen, um Widerstandskraft zu wecken. Ich liebe den Realismus dieser Texte. Sie machen mir immer wieder Mut, auch unangenehmen und schmerzlichen Tatsachen ins Auge zu blicken.

Die Johannesoffenbarung spricht nicht von »schmerzlichen Tatsachen«, sondern z.B. vom mehrköpfigen Drachen (Offb 12,3). Diesen sollten wir nicht als Fabelwesen verharmlosen oder belächeln. Er ist eine mythologische Machtfigur. Die Rede von ihm erschreckt zu Recht. Denn sie holt etwas Bedrohliches an die Oberfläche, macht auf eine Machtansammlung aufmerksam, die verborgen bleiben möchte. In der Erstausgabe dieses Buches kam der Drache nicht vor. Diese Figur interessierte mich extra nicht. Ich schaute eher trotzig von ihr weg, hatte sie doch die Aufmerksamkeit vieler Interpreten auf sicher. Diesen Trotz habe ich mittlerweile abgelegt. Ich glaube, es war damals richtig, die Opfer des Drachen und nicht den Drachen selbst in den Blick zu holen. Aber der Drache ist eine zentrale Machtfigur, weshalb er genau in der numerischen Mitte der Johannesoffenbarung wütet. Mit Ignorieren kommt man dieser Figur nicht bei. Drachen lassen sich nicht wegblinzeln, aber auch nicht »überwinden«. Das ist der Fehler von Erzengel Michael und Ritter Georg, die meinen, den Drachen mit einem Schwertstreich besiegen zu können.[5] Doch Drachen lassen

5 Die legendäre Drachenbändigerin Martha gefällt mir schon besser. Siehe: Elisabeth Moltmann-Wendel, Ein eigener Mensch werden. Frauen um Jesus. Gütersloh 1980, 46-47.

sich weder vertreiben (Offb 12,9) noch wegsperren (Offb 20,3). In diesem Sinne müssen wir den Kampf mit dem gierigen Zerstörungsdrachen aufnehmen und den Opfern beistehen. Wir müssen uns verbünden, um gegen ihn eine Chance zu haben.

Darum findet sich nun auf dem Umschlag der Neuausgabe ein – zugegebenermaßen kleiner – Drache. Er stammt von der Künstlerin Niki de Saint Phalle. Wenn der Drache das Abgelegte einer Kultur bedeutet, das Überwundene, dann hat sie den Finger auf die Wunde gelegt.[6] Niki de Saint Phalle (1930-2002) gelang es, ihre inneren Monster und Drachen zu veräußerlichen, sie zu gestalten und manchmal auch zu zähmen. Im belgischen Knokke und in Jerusalem hat sie einen bunten Drachen für einen Spielplatz geschaffen, der von Kindern bestiegen, beklettert und berutscht werden kann. Bis sie diese Gestaltungsfreiheit erlangte, musste sie viele Transformationen durchleben – von der Tochter einer katholischen, französischen, adligen Familie bis zur US-amerikanischen, feministischen Künstlerin. Sie musste sich aus dem traumatischen Schatten ihrer Familie herausschälen. Bekannt wurde sie mit ihren »Schießbildern«. Mit einer Flinte schoss sie auf mit Gips gestaltete Reliefs, hinter denen sie Farbbeutel angebracht hatte. Diese ergossen sich dann über das Bild in Rinnsalen oder Spritzexplosionen. Die Bilder sollten bluten, weinen, fließen. Die Spuren der Verletzung sollten sichtbar werden. Ihre später entstandenen, farbenfrohen Nanas repräsentieren aus der Form geratene Frauen, die ausgelassen, übermütig, großzügig und frei

6 Zur Künstlerin und ihrer Biografie siehe: Niki de Saint Phalle, Wer ist das Monster? Dokumentarfilm von Peter Schamoni, 1995; Niki de Saint Phalle: Bilder – Figuren – Phantastische Gärten. München 1997.
https://www.fembio.org/biographie.php/frau/biographie/niki-de-saint-phalle/ (19.7.23)

erscheinen und wie ihre riesigen Figuren im Tarot-Garten bei Capalbio in der Süd-Toskana nicht so harmlos sind, wie sie auf den ersten Blick erscheinen. Sie können auch monströs sein, übergriffig, »gefährlich harmlos«. Ihre Figuren laden zur Auseinandersetzung ein. Wer sich auf sie einlässt, ins Innere dieser Figuren geht, beginnt neu zu sehen und sich zu bewegen.

Besonders gefällt mir, wie die Künstlerin aus Scherben eine neue Welt zusammensetzte. Dafür benutzte sie die Handwerkskunst namens Trencadís[7] (katalanisch für »das Zerbrechen«). Diese Technik arbeitet mit zerbrochenem Glas, Marmor oder Keramik. Trencadís versucht nicht, die Scherben zusammenzuflicken. Vielmehr werden sie so zusammengefügt, wie sie noch nie waren. Das Zerbrochene wird Grundlage für etwas Neues, nicht wieder für das, was es war, wenn es nicht in Stücke gefallen wäre. Ihre Arbeit mit zerbrochenem Material sehe ich im Kontext ihrer Biografie und ihrer feministischen Gesellschaftskritik. Sie musste sich von Vorbildern und belastenden Erinnerungen verabschieden. Sie lernte, mit Scherben zu leben. Es gelang ihr, ihre persönlichen Traumata mit genderspezifischer Unterdrückung und Gewalt in Familie und Gesellschaft zu verbinden. Auf ihre Weise sagte sie der patriarchalen »Welt« das Ende an und ließ Figuren auferstehen, die bewohnbar sind, Geheimnisse haben, vor Schönheit strahlen, die schräg und nie unversehrt sind, aber kraftvoll Wind und Wetter trotzen oder mit der Natur zu verschmelzen scheinen.

7 Eines der bekanntesten Beispiele für den Einsatz von Trencadís ist die Verzierung der großen, schlangenförmigen Bank im Parc Güell in Barcelona (angelegt von Antoni Gaudi zwischen 1900 und 1914). Als Material diente Ausschuss von Industriefliesen- und Geschirrfabriken sowie Scherben von Krügen und Flaschen.

Der grüne, quietschvergnügte Drache von Niki de Saint Phalle tanzt durch eine zerbrochene und neu zusammengefügte Welt. Die Künstlerin hat ihn aus seinen Schlupflöchern gezerrt und während der Bearbeitung befreit. Sie ist überzeugt, dass Drachen und Monster unsere Sprache und Seelenwelt bereichern, dass sie Figuren sind, die uns helfen, mit unseren Ängsten umzugehen. Denn nichts ist gefährlicher als die Halbschattenwelt, das Darknet, die Wölfe im Schafspelz, die besorgte BürgerInnen und volksnahe PolitikerInnen mimen, aber nur darauf warten, aufzuräumen und ihre Ordnung zu etablieren. Und hierher gehören die Tiere und Untiere in biblischen Texten. Sie repräsentieren die Mächte, die es eigentlich gar nicht »gibt«, die aber trotzdem real sind, und die jegliches Maß und jegliche Menschlichkeit abgelegt haben.

Es braucht Mut, sich mit Drachen zu befassen.

Der Drache wird in der Offb 12,3 als hybrides Tier eingeführt, mit sieben Köpfen und zehn Hörner. Ein Drachentöter allein wird ihm nicht beikommen. Die vielen Köpfe repräsentieren die unübersichtlichen Machtverhältnisse, die unvorstellbare Gefräßigkeit und Gier eines Systems. Wenn Intersektionalität die Kreuzung und Überlagerung von Unterdrückungserfahrungen bezeichnet, dann wäre das mehrköpfige Ungeheuer dazu ein Sprachbild. Einen Ausschlussmechanismus abzuschaffen, ist dann gleichzusetzen mit dem Entfernen eines Drachenkopfes. Doch der Drache wütet trotzdem weiter. Ein Kopf mehr oder weniger kann ihn nicht aufhalten. Er produziert Krisen ohne Ende, ja richtet sich in Krisen wohlig ein. Sie sind sein Element. Je mehr Bedrohungsherde und Gefahren, desto stabiler ist sein Treiben. Vielleicht gehört genau das zur Selbstinszenierung des Drachen: Er produziert Chaos und Zerstörung am Laufmeter. Sein Gegenüber soll resignieren und klein bei geben, bevor es überhaupt daran denkt, den Drachen zu entzaubern.

Hybride Tiere wie geflügelte Löwen oder Schlangen sind in der Bibel an vielen Orten präsent.[8] Wer im Rachen des Löwen steckt, ist in großer Not (z.B. Ps 22,22). Diese Tiere stehen für bestialische Lebensbedingungen und Herrschaftssysteme. In diesen Sprachbildern widerspiegeln sich Erfahrungen von Unterdrückung und Gewalt. Auch im Buch Daniel findet sich diese metaphorische Sprache:

3 Und vier große Tiere stiegen herauf aus dem Meer, ein jedes anders als das
andere. 4 Das erste war wie ein Löwe und hatte Flügel wie ein Adler ... 5 Und
siehe, ein anderes Tier, das zweite, war gleich einem Bären und war auf der
einen Seite aufgerichtet und hatte in seinem Maul zwischen seinen Zähnen
drei Rippen. Und man sprach zu ihm: Steh auf und friss viel Fleisch! 6 Da-
nach sah ich, und siehe, ein anderes Tier, gleich einem Panther, das hatte vier
Flügel wie ein Vogel auf seinem Rücken und das Tier hatte vier Köpfe, und
ihm wurde Herrschergewalt gegeben. 7 Danach sah ich in diesem Gesicht
in der Nacht, und siehe, ein viertes Tier war furchtbar und schrecklich und
sehr stark und hatte große eiserne Zähne, fraß um sich und zermalmte, und
was übrig blieb, zertrat es mit seinen Füßen. Es war auch ganz anders als
die vorigen Tiere und hatte zehn Hörner. Dan 7,3-7 Luther

8 Siehe dazu Luzia Sutter Rehmann, Dämonen und unreine Geister. Die Evangelien, gelesen auf dem Hintergrund von Krieg, Vertreibung und Trauma. Gütersloh 2023.

Die Offb des Johannes entstand unter der Herrschaft des Kaisers Domitian (81-96 n. Chr.). Für die jüdische Bevölkerung im Osten des Reiches war seine Herrschaft noch gefährlicher als für alle anderen. Denn er verlangte einen Kaiserkult, der keine Ausnahmen mehr zuließ. Das zweite »Tier« in Offb 13,11-14 kann man daher als die Oberpriesterschaft des römischen Kaiserkultes lesen[9]. Sie etablierte die Staatsideologie und setzte sie durch. Diese Machtvertreter gleichen metaphorisch gesprochen geschmeidigen Panthern, gutmütigen Bären und imposanten Löwen (Offb 13,1-2). Zusammen bilden sie einen undurchdringlichen Machtverbund und verbreiteten Angst und Schrecken.

In der Antike wurde die Metaphorik von grausamen Tieren auch außerhalb der Bibel benutzt, um von politischen Mächten zu reden. So schrieb der Philosoph Apollonius von Tyana von Kaiser Nero (54-68), er sei ein Tier mit Klauen und Zähnen:

»Ich bin übrigens so weit herumgekommen auf der Erde wie noch kein anderer Mensch. Ich sah die wilden Tiere Arabiens und Indiens in ihrer ganzen Fülle; ein reißendes Tier jedoch, das die Menge Tyrann nennt, sah ich noch nie, und ich weiß auch nicht, wie viele Köpfe es hat und ob es krumme Krallen und ein scharfes Gebiss hat. Ein politisches Tier aber soll es sein, mitten in der Stadt wohnen und viel wilder als die Berg und Wald bewohnenden Löwen und Panther sein; denn während diese bisweilen durch freundliche Behandlung gezähmt werden und ihren wilden Charakter ablegen, werde jenes durch Streicheln und Schmeicheln nur noch wilder und verschlinge alles. Von keiner wilden Bestie

9 So Klaus Wengst, Pax Romana. Anspruch und Wirklichkeit. München 1986, 151.

könne man behaupten, dass sie ihre eigene Mutter auffresse. Nero aber hat sich an dieser Nahrung erlabt.«[10]

Seneca verwendete den Ausdruck *belua* (Ungeheuer, Bestie) für Kaiser Caligula.[11] Plinius der Jüngere bezeichnete seinerseits Kaiser Domitian »als ein äußerst grausames Ungeheuer«[12], das am liebsten in Höhlen hause, Dunkelheit und Einsamkeit liebe. Das Schreckensregime dieses Kaisers scheute das Tageslicht und agierte im Verborgenen. Diesen Vergleichen ist gemeinsam, dass sie politische Herrschaftssysteme benennen, die komplex, unberechenbar und bestialisch sind. Herrschertiere sind unmenschlich; ihnen fehlt das menschliche Antlitz. Gerade die Hybridität der Tiere offenbart, wie diese Systeme zusammengesetzt sind. Jedes natürliche Tier hat seine Grenzen (ein Adler schwimmt nicht wie ein Krokodil und der Löwe fliegt nicht etc.), aber hybride Tiere nehmen sich von allem das Stärkste. So zeigt die Metaphorik, wie verschiedene Machtdimensionen sich verstärken, so dass es aus ihren Fängen kein Entrinnen gibt.

Kein Entrinnen? Sicher? Nein, da widerspricht das Danielbuch (Kap. 1). Es kennt solche Mächte und benennt sie, aber es kennt auch einen Weg, sie auszutricksen. Es erzählt, statt zu verzweifeln. Es erzählt gegen die Angst und lässt den Erzählfaden auch dann nicht abbrechen, wenn alles vergeblich erscheint. Darum schlie-

10 Philostratus, Vit Apoll 4.38. Übers. von Vroni Mumprecht. Philostratos, Das Leben des Apollonios von Tyana. Griechisch-Deutsch. Sammlung Tusculum. München 1983, 437.

11 Seneca, de ira 3,19,3. Endres, H. M. (Hrsg.), Seneca. Von der Kürze des Lebens. Über den Zorn. Von der Muße. München 1958.

12 Plin. Paneg. 48,3. Hrsg., übersetzt und erläutert von Werner Kühn. C. Plini Caecilii Secundi Panegyricus. Traiano imperatori dictus – Plinius der Jüngere. Panegyricus. Lobrede auf Kaiser Traian. Darmstadt 1985.

ßen sich die beiden Kapitel zur Offenbarung des Johannes nahtlos an Daniel an (Kap. 2 und 3). Denn auch hier wird erzählt und erzählt, damit uns Augen und Ohren aufgehen. Sich abwenden und seine Ruhe haben wollen, gilt nicht. Gott und die Erde brauchen Verbündete, und zwar jetzt! Sich miteinander verbünden ist auch für das Matthäusevangelium (Kap. 4) die Voraussetzung dafür, dass ein neuer Anfang gesetzt werden kann. Dabei verändert es die Überlieferung ganz leise, fügt Frauen ein und setzt Akzente. Das Lukasevangelium sagt den Tagen des Herodes das Ende an (Kap. 5) und lässt eine andere Zeitrechnung beginnen, in der Frauen aufstehen, singen und Prophetinnen werden. Diese Linie zieht sich im Kap. 6 weiter, worin ich nach Auferstehungsgeschichten suche, die nicht erst nach dem Tod anfangen, sondern schon viel früher.

Ich bedanke mich herzlich bei Diedrich Steen für die Anregung zu dieser Neuausgabe und für die gute Betreuung des Manuskripts und beim Gütersloher Verlagshaus, dass es in sein Programm aufgenommen hat. Ebenso bedanke ich mich bei Marie-Louise Hoyer für ihr sorgfältiges Korrekturlesen.

Binningen, 15. August 2023 *Luzia Sutter Rehmann*

Einführung (in die Erstausgabe)

Mein Buch ist all den Frauen gewidmet, die mit mir zusammen in den letzten Jahren die Bibel gelesen haben. Immer wieder habe ich gestaunt ob ihrem Ernst in der Suche nach konkreter Wahrheit für ihr Leben, ob ihrer Fähigkeit, Bezüge herzustellen und ihrer Leichtigkeit, Gewohntes loszulassen. Wohl keine von ihnen würde sich als »fromm« bezeichnen, denn das wäre eine allzu enge, patriarchal definierte Tugend. Diese Frauen haben nicht unbedingt die Bibel verstehen wollen, aber sie wollten ihr Leben, ihre oft diffusen Anflüge von Religion verstehen. Sie suchten nicht nach Lehrmeinungen der Kirche, aber nach einer Möglichkeit, ihre Leben sinnvoll zu deuten. Es zeigte sich, dass die gemeinsame Auseinandersetzung mit einem biblischen Text zur Koordinate werden kann, die die eigenen Schritte unterstützt. Doch zuerst müssen wir bereit sein, uns unserer Realität zu stellen. Befreiungstheologie geht vom Kontext unseres Lebens aus, unserer Erfahrungen, Hoffnungen und Ängsten. Nicht die Texte sind das primär Wichtige, sondern unser Leben, unsere Fragen, die Welt, in der wir leben.

Texte wie die Offenbarung, aber auch die Evangelien oder das Danielbuch, stammen von ganz engagierten Menschen, Menschengruppen. Diese Männer und Frauen haben in ihrem Leben um die Nähe Gottes gerungen. Ihre Leben waren alles andere als konfliktlos und einfach. Es waren jüdische Menschen, die aus ihrer reichen Tradition, aus ihrer jüdischen Lebenspraxis heraus, ihre Erfahrungen formulierten. Und ihre Erfahrungen waren oft von Unrecht und Gewalt ihrer Zeit geprägt, was auch eine Sensibilisierung für die Nöte vieler Menschen bedeutete. Luise Schottroff nennt die Texte des Neuen Testaments »Ergebnisse eines langen gemeinsamen Kampfes von Frauen und Männern für das Leben, das Gott gegeben hat.« Es sind nicht Schriften einzelner Männer (eines Matthäus, Lukas etc.), großer Theologen und gewandter Schriftsteller. Es sind gesammelte Werke von Gemeinden, die ihren Schatz an Bildern, Hoffnungen, Erkenntnissen und Wissen teilten. Auch Paulus verstand sich nicht als Einzelwesen, sondern als Glied in einer Kette derer, die mit ihm arbeiteten und unterwegs waren. Diese Texte sind immer wieder überarbeitet worden, überliefert von vielen Menschen, die bereit waren, das, was ihnen heilig war, miteinander und mit uns zu teilen.

Es waren Väter dabei und Mütter, Alte und Junge, die zu Prophetinnen und Sehern geworden waren (Apg 2,17ff), weil sie genau hinschauten, was mitten unter ihnen geschah. In den meisten Texten wird deutlich, dass ein großes Interesse für gemeinsame Anliegen, für eine Gemeinschaft, ja die ganze damals bekannte Welt vorhanden ist. Die herrschende Auslegung teilte dieses Anliegen meist nicht, selbst mehr am Individuum und seinem Glauben an Gott interessiert als an einer Welt voller Schalom für alle. Der Begriff »kollektiv« hat heute noch einen negativen Klang, erinnert an den Kalten Krieg, an russische Kollektive – dagegen leuchtet der Begriff »das Individuum« zu Freiheit und prosperierender Marktwirtschaft. Doch glaube ich, dass diese alten dualistischen Muster unsere Erfahrungen längst nicht mehr überzeugend deuten können. Wir sind als Individuen in Strukturen integriert, in Prozesse, Verhältnisse und Geschichten, die wir nicht gewählt und nicht gewollt haben, für die wir aber heute verantwortlich sind. Sie machen unseren Kontext aus, ohne den wir schlicht nicht existieren. Sie bilden den Hintergrund auch für unsere »Mitschuld« – etwa an der Ausbeutung der Natur, ganzer Kontinente und ihrer Bevölkerung. Unreflektierte Verwobenheit hält uns in der Mittäterschaft, wir erhalten Systeme am Leben, in der Meinung, ein Aussteigen sei sowieso nicht möglich. Dagegen laden die biblischen Texte ein, sich unserem Kontext zu stellen und zu entscheiden, ob wir MitarbeiterInnen an der neuen Welt Gottes werden wollen. Durch das Hinsehen auf das, was mitten unter uns geschieht, das uns die Texte lehren können, entsteht ein kritisches Wahrnehmen, ein leidenschaftliches Anteilnehmen am Schicksal anderer Menschen, der Schöpfung. Dieses Wahrnehmen verstehe ich als rezeptiv und aktiv zugleich, nicht als ein teilnahmsloses Zusehen, was anderen anderswo widerfährt. Es ermöglicht, das bisherige Sehen als eine Art »Blindsein« zu erkennen, die »blinden Flecken« auszumachen.

Die Texte haben zweitausend Jahre Auslegungs- und Wirkungsgeschichte hinter sich, die uns alle auf unterschiedliche Weise geprägt haben. Unvoreingenommenheit kann nicht postuliert werden. Entweder kennen wir gewisse Texte »allzu gut«, d.h. wir haben gewisse Auslegungen von ihnen sehr oft über uns ergehen lassen. Oder wir kennen zwar die Texte nicht genau, aber haben »ein Gefühl« für das, was sie sagen wollen, und sind darum gar nicht gewohnt, genau hin zu sehen. Einzelne Sätze oder Worte funktionieren wie Schlüsselreize und lösen Bilder in uns aus, rufen Ideen ab, ob wir sie schätzen oder nicht. Vielen Menschen sind biblische Texte heute auch schlicht fremd, da sie seit ihrer Jugend nie mehr etwas Biblisches gelesen oder gehört haben. Dennoch ist unsere abendländisch-christlich dominierte Kultur für unsere Art zu denken, zu philosophieren, zu glauben und wahrzunehmen verantwortlich. Im Verlauf unserer Sozialisation haben wir eine »christlich-androzentrische Brille« erhalten, die uns bei einer Begegnung mit biblischen Texten oft hinderlich ist. Mit dieser Brille übersehen wir zum Beispiel meist die Bedeutung der Frauen und ihrer Handlungen in den Texten, weil diese Brille gar keinen Deutungsrahmen für sie vorsieht.

Ich möchte mit den Aufsätzen zu apokalyptischen Texten nicht vertröstend oder beruhigend wirken. Vielmehr soll Unerwartetes auftauchen können, aufbrechen und etwas bewegen. Darum greife ich auch zu poetischen Ausdrucksformen und male aus, was der Text in mir auslöst. So bin ich oft in ein *Zwiegespräch* mit dem Text vertieft, lege ihn aus durch wissenschaftliche historische Arbeit, erarbeite seinen Hintergrund, achte auf seine Wortwahl und antworte dem Text, so wie er bei mir anklingt, womit ich auch bereit bin, den Rahmen der Exegese gelegentlich zu verlassen.

Mir liegt daran, in jedem einzelnen Aufsatz auch hermeneutische Überlegungen deutlich zu machen. Denn das Auslegen der Texte ist ein Sich-in Beziehung-setzen zu ihnen. Es ist ein aktiver Prozess, eine Arbeit, die nicht wertneutral und distanziert geschehen soll. Meine Lektüre der biblischen Texte ist befreiungstheologisch. Damit deklariere ich, dass die Texte einen bestimmten Sinn in meinem Leben haben sollen: Ich betrachte sie als Quellen, die uns transformieren, die uns öffnen für Noch-nie-dagewesenes, und als Chancen, über uns und die Welt mehr zu lernen. Es ist die Art der Lektüre , die befreiend oder unterdrückend sein kann.

Gerade diese Erkenntnis enthebt uns des Wunsches, die Texte zu manipulieren. Denn wir sind nicht darauf angewiesen, absolut befreiende Inhalte zu finden, sondern können im gemeinsamen Lesen befreiende Schritte unternehmen. Es ist also nicht länger die Frage, ob die biblischen Texte völlig patriarchal sind und wir deshalb nicht mehr viel von ihnen lernen könnten oder ob es Texte gibt, die feministischen Ansprüchen genügen. Vielmehr ist unsere Lektüre entscheidend: Nach welchen Mustern lesen wir diese Texte? Wiederholen wir patriarchale Mythen und Perspektiven?

Feministische Befreiungstheologie ist eine sehr gute Lehrmeisterin, um alle Arten von Ideologien zu durchschauen. Sie ist ein kritisches prophetisches Prinzip, das nach Interessen und Motiven fragt, das aufdecken möchte, damit keine Katzen im Sack gekauft werden. Doch ist sie auch religiös und spirituell motiviert. Es geht ihr nicht nur um Dekonstruktion der Texte und ihrer Auslegungen, sondern darum, die Erfahrungen vieler Menschen mit der befreienden Kraft Gottes als Teil unserer Erinnerung wachzuhalten. Ihr leitendes Interesse ist, Frauen (und Männer) bei ihrem Befreiungsweg zu unterstützen, Männer (und Frauen) auf ihre ausstehende Befreiung aufmerksam und neugierig zu machen.

Mit den vorliegenden Aufsätzen, die alle kurz hintereinander entstanden sind, kreisen meine Auslegungen um die Apokalyptik als Hoffnung auf das erlösende Ende, als Sehnsucht nach der Nähe Gottes, als bewusstes Wahrnehmen der Ungerechtigkeiten. Dieses Wahrnehmen bringt, wie wir im Danielbuch sehen können, Widerstand hervor. Damit wird deutlich, dass genaues Hinsehen widerständig ist und Apokalyptik in die Widerstandsliteratur gehört.

Kurz vor der Jahrtausendwende ist es Zeit, Endzeit zu thematisieren. Die Frage »was geht zu Ende?« beinhaltet aber immer auch die Frage »und was beginnt neu?« In diesem Sinn habe ich auch die Anfänge der Evangelien von Matthäus und Lukas in meine Gedanken mit einbezogen. Welche »neue Zeit« wird bei Lukas angesagt? Bestimmt nicht die christliche Zeitrechnung im Sinne einer Überwindung der jüdischen Zeit. Diese antijudaistische Interpretation wurde aber über Jahrhunderte aufrechterhalten. Die Zeit der Kirche gegen die Zeit der Synagoge auszuspielen ist aber ein ganz unseliges Muster christlicher Prägung. Matthäus spricht vom Selben und doch nicht. Auch er knüpft an seine Zeit an wie Lukas, doch tut er dies so, dass es lohnt, seinen oft übergangenen Anfang genau wahrzunehmen. Denn Anfänge tragen meist den Keim der Zukunft in sich, sie enthalten etwas Programmatisches, das sich zu späterer Zeit entfalten wird. Anfänge enthalten Hoffnungskeime, für die wir in der Gegenwart Verantwortung tragen. Auch die Rede von Auferstehung ist eine genuin apokalyptische Hoffnung. Die Toten ruhen im Schoß der Erde, sind schlummernden Keimen gleich, die eines Tages neues Leben hervorbringen werden.

Das letzte Buch des Neuen Testaments, die Apokalypse des Johannes, gilt für die meisten als Buch des Endes, der Endzeitstimmung par excellence. Ich meine aber, dass auch dieses Buch ein Anfang ist, gewoben aus einer Analyse der Zeit, aus schmerzlicher Erfahrung der Abwesenheit Gottes und Visionen der möglichen Gottesnähe. Ich halte das für das prophetische Prinzip schlechthin: das Wahrnehmen des Keims, aus dem sich die Zukunft entfalten wird.

Luzia Sutter Rehmann

1
Apokalyptische Nächte im Danielbuch

Der König tut, was er will, wird anmaßend und macht sich groß gegen jede Gottheit. Gegen die Gottheit der Gottheiten redet er Ungeheuerliches und hat damit Erfolg, bis der Zorn ein Ende gefunden hat. Dan 11,36 BigS

Ich suche nach Strategien gegen die zerstörerischen Mächte von heute. Bei Mächten denke ich weniger an Personen als an Interessenskonsortien wie Konzerne, Banken, nationale oder internationale Netze, die ganze Länder, Wälder, Meere verschlingen und der Bevölkerung und ihrer Lebensbedürfnisse spotten. Oft werden diese Macht-Konglomerate aber von einigen wenigen repräsentiert, die ihnen ein Gesicht, eine Stimme und einen Namen geben.

Auch wenn zu biblischen Zeiten diese Machtverbände nicht weltumspannend und sicher mit weniger Kapital als heute versehen waren, konnten sie sich ganze Länder einverleiben, die Kleinbauern ins Elend stürzen und den Alltag vieler Menschen bestimmen. Im Danielbuch sind die Gegenspieler des Propheten königliche Gewaltherrscher wie Nebukadnezzar (605-562 v. Chr.), Beltschazzar (552-543 v. Chr.) und Darius (521-486 v. Chr.). Diese

Herrscherfiguren wechseln sich in den Erzählungen nahtlos ab, auch wenn das historisch gesehen so nicht stimmt. Es sind berühmt-berüchtigte Namen, so oder so. Und eigentlich, so der erzählerische Witz, ist es unwichtig, wie die Könige heißen. Ob babylonisch oder neubabylonisch, persisch oder medisch – wie diese Großreiche auch immer genannt werden – es geht um Herrschergeschlechter mit ihrer unterwerfungsheischenden Egozentrik, die den Minderheiten, den Besiegten, den »Fremden« das Leben schwer machen. Kurz: Schon Daniel sah Könige kommen und gehen – und vor allem ihr Gehen interessiert mich. Wie bringt man Mächte zum Gehen? Noch dazu solche, die weder Skrupel noch Grenze kennen und zu allem noch Erfolg haben! Raffgierige Mächte mit Erfolg spotten allem, was heilig ist, das sehen wir auch heute. Angesichts dieser Machtansammlung könnte man schon den Mut verlieren. Genau darum stelle ich Dan 11,36 voran: Daniel hätte allen Grund gehabt, ob der Ruchlosigkeit der Könige zu resignieren, wahnsinnig oder gewalttätig zu werden. Doch er fand einen anderen Weg.

1. Was, wie, warum?

Das Buch Daniel ist ein prophetisches und politisches Buch. Es erzählt von der Situation eines besiegten Volkes, das unfreiwillig nach Babylon eingeschleppt wurde und sich in der Hauptstadt der Sieger nun zurecht finden musste. Es geht ums nackte Überleben, auch wenn die Geschichten unterhaltsam erzählt werden. Daniel wird als Teil der jüdischen Bevölkerung in Babylon verfolgt, die nach einem babylonischen Kriegszug als Beute in die Hauptstadt deportiert worden war. Es wird erzählt, dass Daniel eine gefährdete Existenz am Königshof führt. So wird er einmal zum Tod im Feuerofen verurteilt, was er nur knapp überlebt. Ein anderes Mal wird er in die Löwengrube geworfen. Auch wenn die Lesenden sich über seine Rettungen freuen, bleibt das mulmige Gefühl, dass sehr viele andere wahrscheinlich nicht gerettet wurden. Die Bedrohungen Daniels machen die Schreckensherrschaft der Könige publik. Vielleicht lässt sich von dieser Schreckensherrschaft nur in Form von wunderbaren, unglaublichen Episoden erzählen, über die die Lesenden lachen können.[1] Solches Erzählen ist wahrscheinlich ein Mittel, dass einem das Lachen nicht im Halse stecken bleibt.

Das Danielbuch lebt von kurzen Erzählungen, die mit Witz und Schärfe von einer Bedrohung zur anderen weitergehen. Daniel lässt sich nicht unterkriegen. Kaum ist eine Gefahr gebannt, taucht die nächste auf. Denn der Könige sind viele und sie kennen keine Grenze. Sie kommen mit allem durch, was sie wollen. Sie sind der Erfolg in Person, die Verkörperung von Stärke, Reichtum und Befehlsgewalt. Doch das Danielbuch erzählt, dass auch Könige Angst haben können und ins Straucheln geraten. Eines Tages ist ihre Erfolgsphase am Ende (Dan 11,36). Diese Gewissheit ist zutiefst enthüllend, apokalyptisch, wenn wir so wollen. Von dieser Gewissheit lebt das Danielbuch. Es weiß sowohl um die Unmenschlichkeit der Mächte wie um deren Fragilität. Sie werden zusammenbrechen eines Tages. Noch jedes Reich fand sein

1 Zu weiteren Daniel-Episoden in den späteren (apokryphen) Zusätzen zum Danielbuch siehe: Luzia Sutter Rehmann, Wut im Bauch. Hunger im Neuen Testament. Gütersloh 2014, 269-295.

Ende. Genüsslich wird davon erzählt. Die herrschenden Mächte halten sich immer für endlos, für ewig dauernd und behaupten, dass es ohne sie keine Ordnung, kein Leben geben würde. Doch das Danielbuch kehrt den Spieß um: mit diesen Königen gibt es überhaupt kein Leben, das Leben würde hingegen beginnen, wenn sie nicht mehr wären und der ständige Kampf um das Überleben nicht mehr nötig wäre.

Damit hören wir schon etwas von der befreienden Kraft der Apokalyptik: Der herrschenden Macht wird das Ende angesagt. Sie wähnt sich unendlich, ist es aber nicht. Damit können diejenigen bereits etwas aufatmen, die gegenwärtig unter dieser Macht leiden. Das Wissen um die Begrenzung jeglicher Macht und die unverblümte Ansage des Endes stärken den Mut, sich aufzurichten.[2]

So führt das Danielbuch auf unterhaltsame Weise in die Gefilde der Macht, in ihre apokalyptischen Untiefen und daraus hinaus. *Apokalyptein* heißt »entlarven, enthüllen, aufdecken, offenbaren.« Die Grausamkeit der Herrscher wird enthüllt, das wahre Gesicht der Macht entlarvt, die Grenze ihrer Macht wird dabei aufgedeckt und es offenbart sich, dass die Ohnmächtigen so ohnmächtig nicht sind. Damit lese ich das Danielbuch natürlich befreiungstheologisch und machtkritisch. Ich lese es zudem feministisch und frage dezidiert nach den Frauen in diesem Buch. Daniel ist die leitende Erzählfigur, der Protagonist, mit dem sich

2 Inwiefern sind Gruppen namens »Extinction Rebellion« und »Last Generation« auch apokalyptisch zu lesen und als Endansagen zu verstehen? Sie weisen auf das Ende hin, den Zusammenbruch der bisherigen Ordnung, die zulasten der Tiere, der Meere und ihrer BewohnerInnen, ging. Sie bringen die Herrschenden zum Erzittern und schaffen Raum für Transformation.

die Lesenden identifizieren können und um den sie bangen. Er ist ein wortgewandter Prophet und ein diplomatischer Taktiker. Ich nehme aber auch das Kollektiv wahr, das um Daniel herum ist, für das er sich einsetzt und das im Grunde die Hauptfigur des Buches bleibt:

Das ist die jüdische Bevölkerung, die in der Fremde lebt und sich der Macht der Könige ausgeliefert weiß.

Darum wäre es verkürzt, die Geschichte Daniels als Superheldengeschichte zu lesen nach dem Muster: »Ein Mann setzt sich durch, zusammen mit seinem Gott, gegen den Rest der Welt.« Das ist denn auch – in aller Kürze – in etwa der Inhalt des Mythos »Mann«, der unsere Optik auf den Text (aber auch auf das lebendige Leben!) oft besetzt hält. Zahlreiche Heldenepen und Filme kommen uns sofort in den Sinn, die diesen uralten Mythos aktualisieren: Vom listigen Odysseus bis zu James Bond, Batman, Hercule Poirot und Sherlock Holmes und vielen anderen Kommissaren vom Dienst. Das Danielbuch wird viel lebendiger und plastischer, wenn wir dieses Muster auf der Seite lassen. Daniel ist kein Angehöriger einer Oberschicht, sondern ein deportierter Gefangener, er gehört auf die Verliererseite der Geschichte und muss am Hof der Sieger um sein Überleben kämpfen. Dabei ist er auf Hilfe angewiesen. Allein würde er nicht weit kommen. Er braucht Freunde und Freundinnen. Man könnte meinen, Frauen spielten keine Rolle im Danielbuch und am Königshof[3] – wenn

3 Loewenclau weist darauf hin, dass im ganzen Buch Daniel nie eine Frau mit einem Namen genannt wird. Die bekannte »Susanna im Bade«-Geschichte ist ein späterer Zusatz zum Buch. Siehe: Ilse von Loewenclau, Das Buch Daniel. Frauen und Kinder nicht gerechnet. In: Luise Schottroff, Marie-Therese Wacker (Hg.), Kompendium Feministische Bibelauslegung. Gütersloh 1998, 291-298, 293.

nicht Dan 5 wäre. In diesem Kapitel sind sie es, die die Fäden ziehen und das Sagen haben. Sie spielen in der einen Nacht, in der über das Schicksal Daniels und des Königs entschieden wurde, die versteckte Hauptrolle. Doch dafür müssen wir ganz genau lesen und ein paar Worte neu übersetzen. Dan 5 ist ein spannendes »Frauenkapitel«, das wir genauer ansehen werden, um konspirativen Widerstand einzuüben.

Ich lese also das Danielbuch feministisch-befreiungstheologisch, indem ich seine Geschichten in ihrer politischen Dimension verstehe. Gott ist eine Kraft, die die Menschen zum Guten treibt – also ist sie auch im Zwischenmenschlichen, Öffentlichen, Politischen wirksam. Nicht, weil in diesen Räumen so vieles gut zu nennen wäre. Vielmehr, weil Gott offenlegt, was alles noch besser werden muss. Gott kommt im Danielbuch kaum vor. Es scheint, als spiele er keine Rolle und hätte keine Macht im fernen Babylon. Doch es gibt Menschen, die sich an einer anderen Welt orientieren, die Unrecht benennen und versuchen, nach anderen Regeln zu leben – z.B. kein Fleisch zu essen (Dan 1,12). Diese Menschen geben Gott ein Gesicht, lassen Raum für Hoffnung und trösten einander. So ist Gott doch auch in Babylon, im fernen Feindesland, dank den Menschen, die ihn/sie herbeisehnen und nicht loslassen.

2. Von Hoffnung und Erfolg

Apokalyptik ist also nicht nur Theologie im engeren Wortsinn. Sie ist eine kritische Sicht auf die Welt, wie sie in zahlreichen Bewegungen auch heute spürbar ist. Apokalyptik rechnet mit dem

Ende, weil das Maß des Leidens voll ist, ja unerträglich wird, und es so nicht weitergehen kann und darf. Die Ansage des Endes weist zudem die Mächtigen in ihre Schranken, limitiert ihre Zeit und ihren Erfolg. Damit entsteht Raum für eine neue, noch nie dagewesene Welt – was Hoffnung keimen lässt.

Das Buch Daniel wurde um 160 vor Chr. verfasst. Zu einer der schlimmsten Zeiten des jüdischen Volkes unter hellenistischer Besatzung. Über Jerusalem herrschte Antiochus Epiphanes, der über ein sehr großes Reich verfügte: von Kleinasien über Syrien (inklusive Judäa), Babylon, Persien bis nach Indien. Doch Herrscher einer Großmacht zu sein bedeutete, immer neue und weitere Kriegszüge anzuzetteln oder auszutragen. Antiochus Epiphanes war kriegerisch gestimmt und eroberte Jerusalem mehrere Male, plünderte die Stadt und den Tempel ohne Rücksichtnahme. In den Makkabäerbüchern[4] wird erzählt, dass er das jüdische Volk gewaltsam habe hellenisieren wollen, dem Volk also seine religiöse und kulturelle Identität zu rauben, um es angepasster, ungefährlicher zu machen. Die zahlreichen Dekrete gegen die Verehrung des jüdischen Gottes in Tempel und Alltag zielten bewusst auf Befriedung und Brechung des Volkswiderstandes. Doch so leicht zeigte sich der Erfolg dieser Strategie nicht. In den Makkabäerbüchern erfahren wir einiges über einzelne heroische WiderstandskämpferInnen in Gott. In 4Makk 4,25 ersehen wir, dass diese Grundhaltung auch bei breiten Bevölkerungskreisen zu finden war: So sollen sich viele Mütter samt ihren Kleinkindern von der Festungsmauer gestürzt

4 Zu den vier Makkabäerbüchern siehe z.B. https://www.bibelwissenschaft.de/stichwort/8764/ (7.6.23)

haben, weil sie ihre Söhne hatten beschneiden lassen, obwohl es verboten gewesen war.

Aus dieser Zeit stammt das Danielbuch. Daniel soll als junger Mann an den babylonischen Hof gekommen sein, wo er mit vielen anderen jungen Männern ausgebildet wurde. Das Leben am Hof als Umerziehungslager? Auf jeden Fall versuchen Daniel und seine Freunde ihre jüdische Identität zu bewahren. Dazu leisten sie auch Widerstand, was sie in große Bedrängnis bringt – z.B. beim Gemüsetest 1,16, im Feuerofen 3,22f, in der Löwengrube 6,10ff. Sie leiden unter den Königen, die ihnen alles geraubt haben und nicht davor zurückschrecken, ihnen ihre Seele zu rauben:

Der König tut, was er will, wird anmaßend und macht sich groß gegen jede Gottheit. Gegen die Gottheit der Gottheiten redet er Ungeheuerliches und hat damit Erfolg, bis der Zorn ein Ende gefunden hat. Dan 11,36 BigS

Mit diesem Satz knüpft der Verfasser des Buches an die Realität der Unterdrückten zur Zeit des Antiochus Epiphanes an. Doch dann fährt er fort: »... er hat damit Erfolg, bis der Zorn ein Ende gefunden hat.« Ein Ende wird in Aussicht gestellt. Etwas später heißt es sogar:

Seine Palastzelte errichtet er zwischen Meeren und dem herrlichen heiligen Berg. Er kommt an sein Ende, ohne dass ihm jemand hilft. Dan 11,45 BigS

Hier sehen wir die Argumentationslinie der Apokalyptik. Zuerst werden die erfahrenen Leidenszustände thematisiert. Die Willkür des Königs, unter der seine UntertanInnen zu leiden haben, wird als Gotteslästerung kritisiert. Dann wird die Rede vom Ende eingeführt: Das Ende erscheint als notwendiger Abbruch dieser auf Unrecht gebauten Herrschaft. Das Ende von Gottes Langmut wird der Willkürherrschaft ein Ende bereiten. So ist die Ansage des Endes doppeldeutig: das Ende von Gottes Geduld wird von Unterdrückten ersehnt. Doch der König fürchtet sich vor dem Ende seiner Macht.

Hier wird keine allgemeine Endstimmung heraufbeschworen, kein Weltuntergangsszenario entwickelt. Das wurde aber im Laufe der christlichen Auslegungsgeschichte oft getan. Apokalyptisches Reden vom Ende meint aber nicht eine allgemeine, diffuse Katastrophe, die wir sogar verdient haben, weil wir gesündigt hätten etc. Apokalyptische Endansagen sind *politisches Handeln*: Die scheinbar unendliche Macht der sich allmächtig Fühlenden wird begrenzt, ihre Tage werden gezählt. In der Bibel ist die Endansage *nie* gegen die Schwachen gerichtet, sondern gegen die Größten und Mächtigsten des Landes.

Die Ansage des Endes gilt einem bestimmten, konkreten Sachverhalt. Meistens wird dieser Sachverhalt als ungerechte Herrschaft analysiert. Die heutige Rede von der Klimakatastrophe will genau dies: dem unendlichen Wachstum der Wirtschaft auf Kosten ganzer Erdteile und Meere ein Ende ansagen. Dahinter steht die wissenschaftlich fundierte Erkenntnis, dass es »so« nicht weitergehen kann. In vielen apokalyptischen Schriften geht es um diese Umkehr, um das Aufhören des Mittuns, um das Ende der Geduld, des Wegsehens und Weitermachenlassens. So meint es auch Daniel: Die Gewaltherrschaft wird ihrer Mäntelchen entkleidet, so dass ihre grauenvollen Züge sichtbar werden. Apokalyptik möchte den Herren das Zittern beibringen, damit sie ihr Gewissen entdecken und erkennen, dass sie sich und andere in den Abgrund reißen. Zugleich wecken die Worte Daniels die Ängstlichen auf, motivieren sie, genau hinzusehen und sich mit anderen zusammenzuschließen. Dieses Aufwachen und Aufstehen ist letztlich das Ziel des ganzen Buches. Es drückt sich auch in der Auferstehungshoffnung am Ende des Buches aus.

Viele, die im Erdboden schlafen, werden aufwachen, die einen zum ewigen Leben, die anderen für immer gering geschätzt und verabscheut. Dan 12,2 BigS

Die Auferstehungshoffnung ist fest verankert im praktisch-politischen Teil des Buches (Dan 1-6). Denn aus allen Bedrängnissen werden Daniel und seine Freunde errettet. Sie müssten eigentlich tot sein, doch sie leben. Die drei Freunde Daniels werden zum Verbrennungstod verurteilt, weil sie sich weigern, ein goldenes Standbild anzubeten (Dan 3,11). Der Ofen wird so heiß gefeuert, dass sogar die Sklaven, die die Verurteilten hineinwerfen, an den Verbrennungen augenblicklich sterben. Doch die Freunde kommen heraus – unversehrt, ohne dass ihnen ein Härchen versengt worden wäre (Dan 3,27). Sie überleben nicht nur, sondern erleben etwas unheimlich Starkes, Rettendes im Feuer. Dass sie aus dem Ofen lebendig herauskommen, ist eine Metapher für Auferstehungserfahrungen, die im Widerstand gewonnen werden. Hier wird Auferstehung erzählt, unterhaltsam in eine Heldengeschichte gekleidet, so dass die Zuhörenden staunen, lachen und den Kopf schütteln. Sogleich wird angemerkt, dass auch König Nebukadnezzar nicht anders konnte als sich wundern. Sogar er begann den jüdischen Gott zu preisen! Als Konsequenz des königlichen Wunderns erließ er sofort ein Dekret:

»Ich habe bekannt gegeben, dass alle Völker, Stämme und Sprachgemeinschaften, die respektlos gegen Schadrachs, Meschachs und Abed-Negos Gottheit reden, zerstückelt werden, und ihre Häuser werden zu Trümmerhaufen gemacht: Es gibt ja keine andere Gottheit, die so retten kann wie sie!« Dan 3,29 BigS

Aber hat dieser König wirklich etwas begriffen? Wie kann er seine bruchstückhafte Erkenntnis gleich wieder so gewalttätig umsetzen? So erinnert das Danielbuch nicht nur an den Widerstand, sondern auch an die unverbesserliche Gewalt der Herrschenden. Es wäre ja ein unglaubhaftes Buch, wenn nach dieser wunderbaren Rettung der drei aus dem Feuerofen schon alles gut wäre! So bleibt denn das Verhältnis von Empirie und Hoffnung ein durchgehendes Thema. Wie verhält sich Hoffnung zu Erfolg? Gehört der Erfolg dem König und die Hoffnung den Unterdrückten? Das wäre ja eine saubere Aufteilung. Laut Daniel ist es aber anders: Der König hat nur scheinbaren Erfolg, denn ihm wird das Ende angesagt. Die auf Gott Hoffenden aber werden aufstehen und leben. Sie werden Gerechtigkeit sehen.

3. Träume

Nebukadnezzar war ein großer König, ein furchtbarer König – aber er verstand nicht einmal seine eigenen Träume:

Im zweiten Jahr der Königsherrschaft Nebukadnezzars träumte Nebukadnezzar Träume. Sein Geist geriet außer sich, und der Schlaf wich von ihm. grDan 2,1 BigS

Sein Geist wurde verwirrt und er brauchte Rat. Deshalb rief er seine Weisen zu sich. Doch der König möchte nicht nur eine Deutung des Geträumten – das wäre sozusagen einfach für gute Hofberater. Die Weisen mussten ihm schildern, was er geträumt hatte. Natürlich konnte das niemand – außer Daniel. Daniel schaltete sich ein, als der König alle Weisen im Land ermorden wollte, da sie ihm offenbar nicht behilflich waren. Das Danielbuch erzählt hier von einem Auslöschungsplan der Intelligenz im Land. Der König ist mit seinen Ratgebern unzufrieden, er denunziert sie mit seiner unmöglichen Aufgabe und will sie aus dem Weg räumen lassen.

Daniel bespricht sich mit seinen Gefährten Hananja, Misael und Asarja (2,17). Gemeinsam beten sie zu Gott »wegen dieses Geheimnisses«, damit sie und die übrigen Weisen nicht umgebracht würden (2,18). Daniel ist selbst ein ausgesprochener Träumer, Theoretiker, der schaut und sich ob dem Geschauten ängstigt (7,15.28), ohnmächtig wird (8,18; 10,8) und auch manchmal das Geschaute nicht versteht (8,27). Wir können sagen: Er ist traumgeprüft. Seine Träume kreisen um die grauenvollen Herrscher, die die Erde zerstampfen und sich alles einverleiben wollen. Seine Träume sind keinesfalls »wirres Zeug«, sondern politisch zu deuten: Daniel erkennt in der Stille der Nacht den Imperialismus und die Grausamkeit seiner Herren, die ihn an den Hof geholt haben. Kapitelweise malt Daniel diese Träume aus. Abfolgen von Welten, von Dynastien, von Herrschern – alle werden zugrunde gehen. Doch die Gerechten werden glänzen wie die Sterne des Himmels ...

Von diesen Träumen schwindet Daniel manchmal seine Kraft. Doch während er von einer wunderbaren, zarten Hand berührt wird (10,10), die ihn aufstehen, auferstehen, lässt und stärkt, weiß sich der König nicht zu helfen. Darum wagt Daniel etwas ganz Gerissenes: Mit Gottes Hilfe versucht er seine Erkenntnis vom König als Gewaltherrscher mit dessen Träumen zu verbinden. Denn Daniel wurde ja auch von seinen Träumen erschreckt – könnte es sein, dass auch der König solche Träume hat? Dass dieser aber noch viel mehr erschrickt als Daniel, da er sich selbst in diesen Träumen als Bestie wiedererkennen müsste?

Für Daniel ist das natürlich *die* Gelegenheit, dem König ins Gewissen zu reden. Doch es braucht Mut und Diplomatie, sein Wissen an den Mann zu bringen. Daniel wagt es, auch weil er die Leben all der Weisen des Landes retten will. So wird Daniel zum königlichen Traumdeuter. Seine Nachtgesichte, die er voller Schmerzen ausgehalten hat, kann er nun fruchtbar werden lassen. Denn offenbar ist dieser König, so grausam und gewalttätig er ist, nicht gegen Albträume gefeit. Er ahnt vielleicht seine Schuld, er hat Ansätze zu einem Gewissen – oder prosperiert seine Wirtschaft nicht mehr so, wie er es gerne haben möchte?

Interessanterweise wird der Traum des Königs zu Beginn nicht geschildert. Nebukadnezzar weiß ihn nicht mehr oder will ihn nicht mehr wissen. Er weiß nur, dass er wegen eines Traumes nicht mehr schlafen kann. Daniel nutzt dieses Manko nun schamlos aus. Er beschreibt Nebukadnezzar einen Traum in allen Farben, gewaltig und furchtbar, so dass dieser beeindruckt ist. Ja, so ein Traum muss es gewesen sein, so furchterregend, denn sonst hätte er doch wieder bequem einschlafen können ... Nebukadnezzar ist erleichtert, dass er seine Angst zu verstehen beginnt. Er fällt ergriffen auf die Knie (Dan 2,46). Daniel aber erhöht er (Dan 2,48). Daniel bringt auch noch seine Freunde in diesen Moment der Gunst ein, so dass sie alle hohe Posten erhalten.

Das Danielbuch beschreibt hier, was es heißt, subversiv zu sein. Es gelang Daniel, für einen Augenblick, die Verhältnisse umzukehren! Die Kraft zu seinem Handeln erhielt er aus dem gemeinsamen Gebet mit seinen Freunden. Daniel ist kein Einzelkämpfer. Er braucht das beratende Gespräch, den Rückzug, um gemeinsam eine Lösung zu finden. Daneben kamen ihm aber auch seine eigenen Nachterfahrungen zu Hilfe. Er wusste, wovon der König sprach, weil er selbst an Träumen litt. Gott gab das Gelingen.

4. Zeichen in der Nacht

Die Weisen wurden nicht umgebracht, doch der König machte weiter wie bisher. Das Los der jüdischen Bevölkerung wurde nicht gelindert. Alles ging weiter – nach Nebukadnezzar kam Beltschazzar. Dieser war nicht besser als sein Vater. So hat also alles nicht geholfen? Diese Frage stellt sich das Danielbuch nicht. Oder vielleicht doch – genau darum wird diese Geschichte von Beltschazzar erzählt. Denn die Gewaltgeschichte geht weiter und Daniel kann es sich nicht leisten, sich zurückzulehnen und in Pension zu gehen.

Eines Tages veranstaltete Beltschazzar ein prunkvolles Mahl für die militärische und wirtschaftliche Elite, die Satrapen und Oberbeamten des ganzen Reiches. Sie tranken und aßen im Überfluss, samt Frauen und Nebenfrauen (Dan 5,3), heißt es. Als

Festhöhepunkt ließ er die goldenen und silbernen Gefäße herbeibringen, die sein Vater aus dem Tempel zu Jerusalem geraubt hatte. Sie tranken Wein und priesen die goldenen und silbernen, ehernen, eisernen, hölzernen und steinernen Götter. Sie priesen die Garanten ihrer Macht, die ihnen den Wohlstand zu sichern schienen. Da geschah etwas Unerwartetes:

In dieser Stunde kamen Finger einer Menschenhand zum Vorschein und
schrieben dem Leuchter gegenüber auf die Kalkwand des Königspalasts. Der
König sah das Stück Hand, das schrieb. 6 Die Miene des Königs geriet aus
den Fugen, seine Gedanken verstörten ihn, seine Hüftgelenke schlotterten
und seine Knie schlugen aneinander. Der König schrie laut, man solle die
Zauberkundigen, die chaldäischen Fachleute und die Sternkundigen her-
holen. Der König ergriff das Wort und sagte den Weisen von Babel: »Jede
Person, die diese Schrift liest und mir ihre Bedeutung erklärt, wird sich in
Purpur kleiden, mit einer goldenen Kette um den Hals, und als Dritte im
Königreich mitregieren!« Dan 5,5-7 BigS

Beltschazzar erschrak zutiefst, so dass sein Gesicht aus den Fugen geriet. Er verlor sein Gesicht vor allen seinen Höflingen. Wie kam das? Was erschreckt Beltschazzar dermaßen? Da er nicht lesen konnte, was da stand, erschrak er nicht über den Inhalt dieser Worte. Aber dass in seiner unmittelbaren Nähe so etwas geschehen konnte, dass jemand eine Botschaft vor seinen Augen deponieren konnte, ließ ihn erzittern. Seine Hüftgelenke schlotterten und seine Knie wurden weich. Jemand war in seinen engsten Kreis gedrungen, um eine anonyme Drohung zu deponieren. Das erschien ihm ungeheuerlich. Seine Stimmung brach jäh zusammen. Wenn er sich vorher als großer Held vorkam, der Größte aller

Großen, der sogar die priesterlichen Tempelgefäße holen ließ, um seine Furchtlosigkeit zu demonstrieren, dann schrumpfte er jetzt in sich zusammen.

Er schreit, man solle die Beschwörer und Sterndeuter holen. Die Ratgeber und Weisen, die geheime Zeichen und Schriften entziffern können, sie, die die Bahnen der Sterne berechnen und auf- und absteigende Sterne ankündigen, sie sollen sofort kommen. Doch auch sie können die Schrift nicht lesen (Dan 5,8). Warum eigentlich nicht? Halten wir einen Moment inne. Welche Möglichkeiten haben wir, um ihr Unvermögen zu interpretieren? Vielleicht war der Schriftzug an der Wand nicht deutlich geschrieben, nur hingekleckst. Doch eine Antwort wie: »Das sind ja nur Kleckse« hätte dem König nicht gereicht. Er verlangte eine Erklärung. Vielleicht waren die Zeichen in einer Sprache geschrieben, die die Chaldäer nicht lesen konnten. Oder, noch viel schlimmer, sie wagten die Entzifferung nicht, weil sie nicht wagten, die geschriebenen Worte laut auszusprechen?

In dieser Stunde des Schreckens übernimmt nun die höchste Frau im Reich, die Königin, das Sagen. Jetzt, wo der König zusammenbrach, bringt sie Daniel ins Spiel. Er soll kommen, um die Schrift zu deuten (Dan 5,10-11).

Wegen der Worte des Königs und seiner Großen betrat die Königin das Haus des Festmahls. Die Königin ergriff das Wort und sagte: »König, auf ewig sollst du leben! Deine Gedanken sollen dich nicht in Angst versetzen, deine Miene sich nicht verändern! 11 Es gibt in deinem Königreich einen Mann, in dem Geist heiliger Gottheiten wohnt. Zur Zeit deines Vaters zeigten sich an ihm Verstand, Klugheit und Weisheit wie Weisheit von Gottheiten. König Nebukadnezzar, dein Vater, setzte ihn zum Hauptvorsteher über die Gelehr-

ten, Magiekundigen, chaldäischen Fachleute und Sternkundigen ein, dein Vater, König! 12 Denn ein besonderer Geist, Verstand und Einsicht, Erklären von Träumen, Lösen von Rätseln und Deuten von Geheimnissen zeigten sich an ihm, Daniel, dem der König den Namen Beltschazzar gab. Daniel möge gerufen werden und die Bedeutung erklären!« Dan 5,10-12 BigS

Dass eine Frau nun Regie führt, bedeutet einen Wendepunkt. Bis dahin wurden Frauen kaum wahrgenommen. Weder die Gewalt, die sie als marginalisierte Frauen (z.B. als Jüdinnen) erlebten, noch ihre eigenen Übeltaten kamen in den Blick. Einzig als Mitläuferinnen, wie hier am Fest, oder als Mitbestrafte, tauchten sie gelegentlich auf. Hier aber übernimmt eine Frau – und sie kennt Daniel, den subversiven Träumer. Sie befiehlt, ihn zu holen. Er soll die Schrift deuten – das will sie hören. Sie scheint die Wahrheit in diesem Moment weniger zu fürchten, als der König es offenbar tut. Oder könnte es sein, dass sie den Moment der Krise benutzt, um etwas Neues ins Spiel zu bringen? Oder, noch eine brisantere Vermutung, dass sie den Moment der Krise erwartet oder sogar orchestriert hat?

Wir müssen nicht annehmen, dass eine Königin in allem derselben Ansicht war wie ihr Gatte oder ihr Sohn.[5] Doch warum kennt die Königin Daniel und seine Weisheit? Hier am babylonischen Hof lebten viele jüdische Menschen, die aus Jerusalem deportiert worden waren. Es ist möglich, dass verschiedene Kreise

5 Es bleibt offen, ob hier die Mutter des Königs oder seine Gattin gemeint sein kann. Im neuassyrischen Kontext amtierte eine der Königsfrauen des Königs als *segallu*, Königin. Siehe dazu: Saana Svärd, Power and Women in Neo-Assyrian Palaces, Helsinki 2012. Für die jüdische Geschichte: Tal Ilan, Silencing the Queen. The Literary Histories of Shelamzion and other Jewish Women. Tübingen 2006.

am Hof sich für die jüdische Weisheit interessierten. Wir erfahren vom jüdischen Historiker Josephus einiges über die Unabhängigkeit der königlichen Frauen und Nebenfrauen. Josephus erzählt von den Königsfrauen in Charax Spasinu (am persischen Golf, 1. Jhr.). Sie sind geschlossen Jüdinnen geworden und haben dazu beigetragen, andere Menschen zu gewinnen, indem sie ihren jüdischen Lehrer, den Kaufmann Ananias, weitervermittelten.[6]

Doch zurück zu dem glänzenden Festmahl und zu Daniel, der eben auftritt. Er kann die Schriftzüge erwartungsgemäß entziffern. Sein Lesen wird aber eine Ankündigung des Endes, eine apokalyptische Gerichtsansage. Beltschazzar hat den Bogen offensichtlich überspannt, der gerechte Gott wird das Unrecht nicht ungesühnt lassen.

Dies ist die Schrift, die geschrieben wurde: Mene, Mene, Tekel u-Parsin.
26 Dies ist die Bedeutung der Sache: Mene – die Gottheit hat deine Kö-
nigsherrschaft gezählt und beendet. 27 Tekel: Du wurdest mit der Waage
gewogen und reichtest nicht hin. 28 Peres: Dein Königreich wurde geteilt
und dem medischen und dem persischen Volk gegeben.« Dan 5,25-28 BigS

Gezählt, gezählt, gewogen und geteilt.

Daniel interpretiert diese Wortbruchstücke ganz im Sinn seiner Widerstandstheologie. Das heißt an sich noch nicht so viel. Zählen und Wiegen sind Felder der Ökonomie. Kinder des Kapitalismus würden als drittes Verb am ehesten »Anlegen«, »Investieren« erwarten. Das wäre nämlich ergiebig: Zählen, wiegen, investieren.

6 Josephus, Altertümer 20.34ff. Vgl. dazu: Luise Schottroff, »Anführerinnen der Gläubigkeit«, in: Dies., Befreiungserfahrungen, 291-304, 298.

Doch Zerteilen, Teilen kommt aus einer anderen Perspektive. Es erinnert an das Unrecht des Anhäufens, an das Teilen mit den Bedürftigen, daran, dass alle Anteil am Reichtum des Landes haben sollten. Daniel entwirft die apokalyptische Vision einer anderen Ökonomie, einer gerechteren Verteilung. Gleichzeitig kündet er dem, der diese Vision nicht erkennen kann, das Ende an: Teilen oder Zerteiltwerden, Beltschazzar.

Stand das wirklich an der Wand? Und wie kam es dorthin? War es Wein, der zufällig an die Wand gespritzt wurde von einem trunkenen Gast? Oder war es nicht Zufall, sondern Absicht? Wer waren die unsichtbaren SprayerInnen? Freunde und Freundinnen Daniels? Oder haben die Frauen, in Verbindung mit der Königin, diese Zeichen an die Wand gemalt – um diesen Herrscher loszuwerden? Beltschazzar wurde noch in derselben Nacht ermordet (Dan 5,30). Von wem, wissen wir nicht. Hier scheint sich ein Abgrund vor unseren Augen zu öffnen, der die Riesenangst Beltschazzars etwas erklärt. Vielleicht befürchtete er einen Machtwechsel, ein Komplott gegen ihn. Ich meine, wir müssen die Königin als Vertreterin einer mächtigen Gruppe ernst nehmen. Sie war jedenfalls überraschend schnell zur Stelle mit ihrem Vorschlag. Die Weisen können die paar Worte nicht lesen – vielleicht fürchteten sie sich vor den Konsequenzen oder sie konnten kein Aramäisch lesen?

Wenn einige Königsfrauen jüdisch geworden waren, dann waren sie auch der jüdischen Sprache mächtig.[7] Das heißt, sie konnten die Zeichen lesen oder sogar selbst geschrieben haben.

7 Schottroff weist darauf hin, dass die Königsfrauen von Charax Spasinu den jüdischen Glauben ganz übernommen haben, d.h. sie müssen auch selbst »Toraleserinnen, Toraauslegerinnen, Gemeindeleiterinnen usw.« gewesen sein. S.o. 301.

Haben also jüdische SympathisantInnen in Konspiration mit der Königin diese Zeichen an die Wand gemalt? Der Zeitpunkt würde stimmen. Gerade, als die Tempelgeräte entehrt wurden, tauchte diese Schrift auf. Das weist auf den Zusammenhang mit jüdischen Gruppen. Auch der weitere Verlauf der Geschichte zeigt, dass erhebliche Spannungen zwischen königsfreundlichen und jüdischen Gruppen bestanden haben (Dan 6,4). Die Ermordung Beltschazzars beweist, dass hier ein Komplott geschmiedet worden war. Die Königin und ihre Leute wussten Daniel auf ihrer Seite. Sie ließen dem gottlosen Herrscher vor aller Öffentlichkeit das Ende ansagen, so dass es für ihn auch eintrifft. Gerade diese Öffentlichkeit der anonymen Botschaft erzeugt eine Art Tarnung: Wer sollte dahinter ein Komplott und nicht vielmehr Gottes starke Hand vermuten?

Doch nach Beltschazzar kam Darius – und die Welt ist nicht besser geworden. Auch das ist ein wichtiger Punkt: Ein Tyrann ersetzt einen anderen. Was ist damit also erreicht? Wenn nicht breitere, umwälzendere Veränderungen geschehen, wird mit der Beseitigung eines Despoten kaum etwas gewonnen. So ist auch die Feststellung des Thronwechsels letztlich unter der Frage von Erfolg und Hoffnung einzuordnen. Die Bequemeren unter uns wären vielleicht der Meinung, dass das Komplott nichts gebracht hat. Gut, Beltschazzar ist tot. Aber seine Politik wird ja in der nächsten Generation weitergeführt. Haben sich denn da Risiko und Aufwand gelohnt? Vielleicht, so könnten andere sagen, sind aber durch die kurze Unterbrechung der unumschränkten Macht doch wichtige Prozesse auf den Weg gekommen? Vielleicht wurde die Widerstandsgruppe gestärkt – was sie später wieder brauchen kann? Vielleicht haben sie Wesentliches gelernt und wichtige Weichenstellungen eingeleitet? Es ist ein Unterschied, ob Widerstand als Weg, als Lebenspraxis verstanden wird oder als Mittel, ein gewünschtes Resultat zu erreichen.

5. Noch eine schlaflose Nacht

Schon bald hatte die Widerstandsgruppe um Daniel wieder Gelegenheit, ihre Kräfte zu beweisen. Die Oberbeamten und Satrapen, die bisher nur als Mittäter oder Mitbestrafte in den Blick kamen, werden nun zu Tätern. Sie wollen Daniel (und seine FreundInnen) zu Fall bringen. Er wird ihnen offenbar zu gefährlich. Da sie keinen Vorwand zur Anklage finden können, wollen sie ihn als Juden zerstören. Sie dringen auf den König, dass er ein Dekret erlassen soll, wonach jeder, der innerhalb von dreißig Tagen von irgendeinem Gott oder Menschen etwas erbittet außer vom König, in die Löwengrube geworfen werden soll (Dan 6,4-7).

Daniel tut, als ob er davon nichts gehört hätte. Dabei wusste er es gut (Dan 6,10). Er betet laut am offenen Fenster seines Hauses, so dass er auf frischer Tat ertappt wird. Warum hat er das getan? Daniel musste sofort handeln. Denn wenn nicht er, wer dann? Wenn es einen Kleinen trifft, wer wird ihm beistehen? Daniel fühlt sich für seine Gruppe verantwortlich. Er handelt als Repräsentant in verantwortungsvoller Position. Vielleicht hat er sich wieder mit seinen FreundInnen beraten. Das muss aber so geheim gewesen sein, dass unser Text es auch uns noch nicht verraten will ... Jedenfalls wählt Daniel eine subversive Strategie: Er geht in sein Haus, ins Obergemach, wo die Fenster offen stehen, und betet dreimal am Tag laut und deutlich. Denn die jüdischen Gebete sind laut und deutlich auszusprechen, nicht nur innerlich, nicht nur gemurmelt oder geflüstert. Da stürmen diese Oberbeamten sogleich herein und nehmen Daniel fest und bringen ihn vor den König. Sie fordern vom König die Durchsetzung seines Gesetzes. Daniel wird in die Löwengrube geworfen. Wer ist jetzt wem in die Falle gegangen?

Wir können doch Daniel nicht für so naiv halten, dass er einfach aus lauter Gehorsam seinem Gott gegenüber *vor offenem Fenster* betete? Sein Beten war ein Akt des Widerstandes. Seine Gegner scheinen gesiegt zu haben. Dem König ist zwar nicht wohl dabei – doch ist er längst nicht so erfinderisch wie Daniel und seine Freundinnen und Freunde. Er versucht zwar, Daniels Ermordung zu verzögern (Dan 6,14). Aber bei Sonnenuntergang verschwindet Daniel in die Löwengrube.

Nun müssen wir auf das Verhalten des Königs achten, das uns in diesem Hof-Krimi weiterführt.

Der König verbringt eine schlaflose Nacht, wie es heißt:

Dann ging der König in seinen Palast und verbrachte die Nacht, ohne etwas zu essen. Mätressen ließ er keine zu sich kommen, und sein Schlaf floh ihn.
Dan 6,19 BigS

Wie lesen wir diese Bemerkung? Dass der König keine Appetit hatte in dieser langen, mörderischen Nacht – ist es das, was der Verfasser uns nahebringen will? Doch warum sollte dies in diesem politisch brisanten Machtspiel von Wichtigkeit sein? Worauf genau hatte der König keine Lust? Das hängt davon ab, was wir mit den Frauen assoziieren. Das hebräische Wort für Frauen, »Nebenfrauen«, ist im Text verstümmelt und daher nicht mehr genau zu entziffern. Es könnte auch »Musik, Unterhaltung, Parfum« heißen, ebenso gut wie »königliche Frauen«. Feministisch gesehen, ist es sehr interessant, dass beide Möglichkeiten in denselben Buchstaben stecken! Frauen werden mit Ware gleichgesetzt, als Unterhaltung gehandelt. Aber entwickeln wir einmal unseren Kriminalsinn weiter: Verstümmelte Worte sind nicht nur an getünchten Wänden interessant, sondern auch mitten in einem Text. Sie zeigen, dass hier etwas problematisch ist. Besser gesagt: Sie verstecken, dass hier etwas zu einem Problem geworden ist. So sind gerade diese schwer entzifferbaren Worte genuin apokalyptisch: Sie verhüllen – und machen dadurch auf etwas Verborgenes aufmerksam. Sie offenbaren, dass etwas geheim sein möchte.

Wenn die Deutung der meisten Kommentare stimmt, dass Darius eigentlich ein ganz vernünftiger König gewesen sei und er hier seinen Eifer bezeuge für Daniel, indem er fastet und eine Nacht lang auf sexuelle Dienstleistung verzichtet, dann ist es eigentlich egal, ob »Unterhaltung« oder »königliche Frauen« zu lesen ist. Dem König war eben nicht danach zumute (wonach? »danach« eben) – weil er mit Daniel litt. Es könnte aber auch anders gewesen sein: Darius ließ keine königlichen Frauen zu sich hereinbringen, obwohl diese es verlangten. Er ließ sie draußen – weil er ihre Nähe fürchtete. Er war in einer Patt-Situation: Wenn er auf die Frauen hörte, waren seine Satrapen ihm gram. Wenn er auf die Satrapen hörte, waren die Frauen aufgebracht. Also, was sollte er tun? Er verschloss seine Türe und verhielt sich still. Sein Fasten (Dan 6,19) kann zudem bedeuten, dass er Angst vor Giftanschlägen hatte –

gehört nicht der Giftmord zu den häufig Frauen zugeschriebenen Mordarten? – und er deshalb diese Nacht auf sicher gehen wollte. Vielleicht schnürte ihm auch die Angst die Kehle zu. Denn schließlich wusste er um den jähen Tod seines Vorgängers. Im Nachhinein lässt er dann verlauten, er habe gefastet. Hinterher, wenn der Machtkampf entschieden ist, klingt dies wie eine Treuebezeugung Daniel gegenüber.

6. Subversive Kraft

So meldet sich also die subversive Kraft der Königsfrauen an den Hof des Darius zurück.

Wenn Daniel einige Sympathisantinnen bei den Frauen um Beltschazzar hatte, könnte es sehr wohl sein, dass auch Frauen in den Kreisen um Darius ihn kannten und schätzten. Was hätte Darius tun sollen, wenn sich diese Frauen für eine sofortige Rettung Daniels verwendet hätten? Wie wäre er dann vor seinen Oberbeamten dagestanden? Diese Oberbeamten vertreten die Hierarchien, die installierte Macht der privilegierten, reichen, patriarchalen Familien.

Hier klingt die Geschichte der Königin Ester und ihres Onkels Mordechai an, gegen den auch ein Komplott der Obersten geschmiedet worden war. Ich erkenne hier die ähnlichen Gruppen, die einander gegenüberstehen: auf der einen Seite Haman, der höchste aller Fürsten, vor dem sich alle Beamten des Königs verbeugten (Est 3,2) – auf der anderen Seite Mordechai, der jüdische Mann, der sich dem König gegenüber verdient gemacht hat

(Est 2,19-23) und Ester, die Königin. Also auch hier ist die jüdische Seite mit Frauenmacht verknüpft – oder umgekehrt, die königliche Frau ist mit der jüdischen Minorität verbunden.

Die Spannung zwischen diesen Gruppen eskaliert in einem Erlass, der ganz ähnlich wie derjenige des Darius klingt:

Die Briefe wurden durch die Eilboten in alle Provinzen des Königs verschickt, um alle Jüdinnen und Juden, von den Jungen bis zu den Alten, Kinder und Frauen, an einem Tag, nämlich am 13. des zwölften Monats – das ist der Monat Adar – auszurotten, zu erschlagen, zu vernichten und ihre Habe zu plündern. Est 3,13 BigS

Mordechai und Ester mussten ihre ganze Subversivität aufbieten, um den König von seinem mörderischen Gesetz abzubringen, das das jüdische Volk vernichten wollte. Das Esterbuch beginnt mit der widerständigen Königin Vasthi, Esters Vorgängerin, die sich gegen den Sexismus der Herrscher zur Wehr setzt (Est 1,12). Ester wehrt sich gegen den Antisemitismus. Beide Frauen setzen sich an einem bestimmten Punkt von der herrschenden Macht ab. Darin erinnern sie an die Königin in der Beltschazzar-Episode. Sie widersetzt sich dem triumphalistischen Antisemitismus des Königs. Aus welchem Grunde auch immer die Königin hier auf den Plan tritt – sie ist jedenfalls mächtig genug, das Machtspiel zu beeinflussen. Vasthi, Ester und die Königinmutter im Danielbuch haben andere Loyalitäten als ihre Ehemänner oder Söhne. Sie erscheinen als selbständig Denkende und Handelnde. Die Frauen scheinen in kritischen Momenten eher das prophetische Prinzip gegenüber den fest verankerten patriarchalen Adels- und Beamtenfamilien zu vertreten.

Darius scheint sich auch an diese Seite der Frauen zu erinnern, er ist ja kein dummer König. Die Frauen bleiben draußen – ist seine Devise. Von Darius ist also keine Umkehr, keine Hilfe zu erwarten. Er hält an der Macht fest, die ihm die Satrapen garantieren. Dennoch gibt er sich als Freund Daniels aus: Am Morgen eilt er zu der Löwegrube und ruft mit schmerzlicher Stimme nach Daniel. Alle sollen es also hören, dass er im Grunde ein ganz judenfreundlicher König ist ... Doch Daniel lebt. Er spricht zum König:

»Meine Gottheit sandte ihren Boten und verschloss den Rachen der Löwen. Sie ließen mich unverletzt, weil vor ihr meine Unschuld erwiesen ist. Auch vor dir, König, habe ich nichts Böses getan.« Dan 6,23 BigS

Der König findet kein Wort des Erstaunens, der Reue, der Entschuldigung. Obwohl Daniel auf seine Unschuld gepocht hatte. Für solche Feinheiten ist Darius unempfänglich. Er lässt sofort die Oberbeamten, samt ihren Frauen und Kindern, ermorden, weil sie Daniel verleumdet hätten. Und die Löwen, die sich bei Daniel zurückgehalten hatten, stürzen sich jetzt auf diese und zermalmen sie. Grauen überfällt uns. Die Kinder, was können sie denn dafür? Und manche Frau wird nicht einmal gewusst haben, warum sie ermordet wurde. Aber so ist das mit diesen Königen. Sie bleiben an der Macht, egal wie.

Ich fasse zusammen: In zwei Nächten, die so spannend und gefährlich sind wie ein Krimi, begegnen wir versteckten Spuren von Widerstandsgruppen. Die Spuren sind einerseits deutlich entzifferbar, andrerseits schwer aufzuspüren. Es braucht die eigene Partizipation an Widerstandsbewegungen, um die Texte subversiv lesen zu können. Es ist, als ob die Linse anders eingestellt werden müsste. Wer Daniel fromm und gehorsam, als Einzelkämpfer und frommen Helden gegen den Rest der Welt ankämpfen sieht (Mythos »Mann«), findet keine Machtkämpfe, keine Kollaborationen und vor allem keine königlichen Frauen, die Daniel ganz fundamental unterstützten. Wenn wir aber auf Feinheiten im Text achten, auf den kühnen Witz der Erzählung und die unbändige Hoffnung auf das Ende der Gewalt, beginnen wir die Königsfrauen als Sympathisantinnen des jüdischen Gottes zu lesen. Sie stehen den königlichen Beamten diametral gegenüber. Ihre Konversion zur jüdischen Religion scheint eine Möglichkeit gewesen zu sein, Autonomie zu entwickeln und zu bewahren.

Daniel hat sich also nicht allein durchgesetzt. Er hatte Freunde und fand SympathisantInnen auf höchster Ebene. Daniel deutet Darius gegenüber an, dass ein Engel ihn gerettet habe (Dan 6,22). Vielleicht gehörte auch dieser Engel zu den SympathisantInnen? Die Stimmen der Kommentare zu den königlichen Frauen, die draußen bleiben sollen (Dan 6,18), sind deutlich androzentrisch verzerrt: Sie nehmen Frauen in erster Linie als Freizeitgespielinnen wahr. Denn wozu sollen sie sonst zum König hineingebracht werden? Andere Gründe, wie Überzeugungsarbeit, Aufklärung über die jüdische Lehre, politische Motive kommen ihnen nicht in den Sinn.

7. Strategien

Darius verpasst keine Gelegenheit, Dekrete zu erlassen: Alle sollen an den Gott Daniels glauben, erzittern und sich fürchten. Denn sein Reich ist unzerstörbar und seine Herrschaft nimmt kein Ende (6,27). Dies ist eine viel erprobte Strategie: Gott groß machen und ihn mit dem eigenen Namen verbinden – damit die Größe und Macht Gottes auf die eigenen Absichten abfärbt. Daniel gibt dieser Strategie in seinen Träumen ein Gesicht: das Tier, das alles einverleibt und, was es nicht fressen kann, mit den Füßen zermalmt (Dan 7,19). Das ist eine Handlungsweise nur für Mächtige. Alles dreht sich um den Machterhalt. Leben, Lebendigkeit, Gerechtigkeit sind Kategorien, die von solchem Handeln außer Acht gelassen werden.

Nach dem »Dekret des Darius« folgen die Träume Daniels. Was soll man denn auch weitererzählen? Wenn Gott so nahe ist und so deutlich eingreift wie in der Löwengrubengeschichte, und die Gewalt doch kein Ende nimmt, was soll man da denn noch erzählen? Immer noch eine Geschichte von der Willkür der Herrschenden und dem Widerstand der Marginalisierten? Und dann kam Nebukadnezzar und dann Beltschazzar und dann Darius und dann Cyrus und dann ... Hier wird die Erfahrung des kleinen Volkes deutlich: Seit der Eroberung Jerusalems durch die Babylonier löste ein Herrschervolk das andere ab. Nach den Babyloniern die Perser, nach den Persern die Griechen, nach den Griechen die Römer ...

Und haben die jüdischen Erzähler geschwiegen? Nein, natürlich nicht. Neben Daniel und Ester entstanden zahlreiche spannende Bearbeitungen biblischer Bücher[8], die selbst schon wieder Weiterentwicklungen sind. Auch entstanden viele apokryphe

8 Aus dieser späten Zeit stammen auch Hiob, das Hohelied, Jona, Joel, Teile der Sprüche, die 2. Hälfte des Sacharja, viele Psalmen, das Jubiläenbuch und Judit. Noch später sind 1 und 2 Makkabäer, Jesus Sirach. Siehe dazu: Luise Schottroff und Marie-Therese Wacker. (Hg.), Kompendium Feministische Bibelauslegung, Gütersloh 1998.

Schriften aus der Erfahrung der Unterdrückung und der Hoffnung auf Leben in Fülle. Nein, geschwiegen haben die Erzähler nicht. Denn erzählen ist eine Strategie des Widerstandes, wenn eine neue Wirklichkeit in den Erzählungen auftaucht, wenn widerständiges Handeln memoriert wird, wenn das erlittene Unrecht nicht vergessen wird. Apokalyptische Analysen stecken in vielen dieser Erzählungen. Die apokalyptische Literatur blühte in den Zeiten des Widerstandes.

Zum Schluss möchte ich die ausgelegten Spuren noch einmal verdeutlichen:

- Die erste Priorität: die eigene Identität darf nicht angetastet werden. Daniel und seine Freunde als junge Pagen im königlichen Trainingslager bestehen darauf, das zu essen, was für sie stimmt (der Gemüsetest). Koscheres Essen hat mit der Verbindung von Religion und Alltag zu tun. Für uns heute ist das Essen allmählich auch eine Identitätsfrage. Was können, wollen, sollen wir essen – wozu stehen wir? Das drückt sich elementar in alltäglichen Verrichtungen aus. Unsere Identität hängt mit diesen Verrichtungen zusammen.

- Die Bedeutung der eigenen Träume ernstnehmen. Daniel nimmt seine Träume sehr ernst, so dass er oft krank und blass wird vor Schrecken. Doch erfährt er auch spirituelle Stärkung (die Hand, die ihn berührt und stärkt). Die Erlebnisse der Nacht können zu Quellen der Spiritualität werden. Schlafen, träumen, loslassen, stillsein – auf diesem Boden wuchs die Kraft zur Auseinandersetzung mit den Königen bei Daniel! Daniel sehnt sich nach dem Ende der Gewaltgeschichte, er hat einen

Traum, der ihn mit traumwandlerischer Sicherheit durch das politische Gewühl führt. Er nimmt das in der Nacht Erlebte in den Tag hinein, in das extrovertierte Leben und lässt seine Handlungen daraus hervorgehen.

- Daniel hat Freunde. Die drei Männer im Feuerofen handeln genauso wie er. Er ist kein Einzelkämpfer. Er verbindet sich sogar mit der Königin im Falle Beltschazzars und den königlichen Frauen um Darius. Er verbindet sich mit den Weisen des Reiches, dort, wo er ihretwegen zum König geht und seinen Traum deutet. Und er lebt in Verbindung mit seinem Volk dort, wo er laut betet und die Konfrontation mit der Macht auf sich nimmt. Vielleicht verbündet er sich sogar mit den Engeln, die ihm gelegentlich zur Hand gehen.

- Wenn es dem Verfasser von Daniel nach dem »Dekret des Darius« nicht mehr ums Geschichtenerzählen war, dann verlegte er sich halt aufs Träumen. Es gibt immer etwas, das erzählt werden muss, solange es Unrecht noch gibt. Das Erzählen hält die Hoffnung aufrecht und sehr oft die ErzählerInnen selbst. Das Memorieren aber von Taten – und seien sie noch so unscheinbar – verbindet mit Orten, mit Ereignissen und den Menschen. Erzählen wird selbst zum Widerstand, auch wenn nur kleine Geschichten berichtet werden. Manchmal sind diese so groß, dass sie Verständnis schaffen und die Welt der Zuhörenden nachhaltig verändern.

2
Vom Mut, genau hinzusehen
Die Offenbarung des Johannes

Die Offenbarung des Johannes macht vielen Angst. Sie enthält erschreckende Visionen, die Albträumen gleichen. Ist sie wirklich die richtige Lektüre für Menschen, die von gegenwärtigen Krisen und Katastrophen verunsichert sind? Ich bin überzeugt, dass wir von Johannes auf Patmos lernen können. Seine Sprache ist viel nuancierter und offener, als man meint. Doch um dies zu erkennen, muss man sie sozusagen gegen den Strich lesen und Klärungen an der eigenen Perspektive vornehmen.

1. Einführung in die apokalyptische Wahrnehmung

Apokalyptein heißt griechisch aufdecken, enthüllen, entlarven, offenbaren. Apokalyptische Sicht will ganz genau wahrnehmen. Etwas für wahr nehmen, auch wenn es viele andere nicht sehen können, etwas ernst nehmen, auch wenn es leicht weggewischt werden könnte, ja es solange analysieren, bis »es« einen Namen bekommt, ein Gesicht, eine Geschichte. Manchmal gibt es gar keine konkreten Namen für komplexe Zusammenhänge, die Angst machen. Dann versuchen die apokalyptischen Weisen oder Propheten Bilder zu finden, damit sie dem, was ängstigt, ein Gesicht geben können (siehe die Angst Nebukadnezzars, Dan 2,1f). Darum ist die apokalyptische Sprache bilderreich und farbig. Wenn wir sie nur auf ihren Informationsgehalt hin befragen würden, hätten wir ihr Ziel verfehlt. Die Apokalypse des Johannes[1] in zwei Sätze zusammenzufassen (z.B. Der Seher sieht verschiedene schlimme Szenen. Am Ende wird aber alles gut.), ist ein Ding der Unmöglichkeit. Denn Johannes will nicht auf dem schnellsten Weg zum Ziel. Sein Ziel ist es nicht, uns zu informieren. Er will bewegen, inspirieren, heilen. Apokalyptik stiftet an Ängste, Probleme, Fragen zu imaginieren, zu bebildern. Sie will nicht mit fixen Bildern die Welt zudecken, sondern mit dynamischen, in einander fließenden Bildern dem, was uns bewegt (oder blockiert), Gestalt geben. Damit beginnen sich Räume im Inneren zu öffnen. Die apokalyptische Sprache will Hoffnung finden, erfinden und öffnen, was wir für geschlossen halten. Dazu gehört auch Handlungsspielraum und überhaupt die Zukunft. Sie soll offen gehalten werden, das ist biblisch immer ganz wichtig. Es kann noch alles werden, solange Gottes Atem weht. Das Öffnen entwickelt in der Offb eine Dynamik, eine Kraft, die zum Handeln führt.

1 Vgl. dazu Amy-Jill Levine (ed.), A Feminist Companion to the Apocalypse of John. London/New York 2009; Pablo Richard, Apokalypse. Das Buch von Hoffnung und Widerstand. Luzern 1996; Luzia Sutter Rehmann, »Die Offenbarung des Johannes: Inspirationen aus Patmos«, in: Kompendium feministische Bibelauslegung, hg. Luise Schottroff und Marie-Therese Wacker. Gütersloh 1998, 725-741.

Der Seher Johannes beschreibt unermüdlich, was er sieht, hört und spürt. Er ringt darum, seinen Wahrnehmungen nicht auszuweichen und ihnen einen Namen zu geben. Damit schafft er die Möglichkeit, dass sich mit uns Lesenden derselbe Prozess wiederholt. Wir beginnen beim Lesen seiner Texte genau wahrzunehmen, zu erschrecken, zu erwachen, wir sehen neu hin und sehen vieles neu. Wir werden durchgerüttelt, unser Herz wird massiert, bis eine Kraft sich ausbreiten kann, die zum Handeln führt, zum Mitgestalten der neuen Welt Gottes. Dieses Mitgestalten wird gelegentlich als Regieführen missverstanden. Das ist denn auch eine mögliche negative Konsequenz der Apokalyptik: aufgeregtes Agieren, Panikmache, sich in etwas stürzen, das nicht wohl überlegt ist. Aber Fanatismus gehört nicht zum Wesen der Apokalyptik, sondern kann sich (leider!) mit allem verbinden. Und billige Apokalyptik, kitschige Auferstehungsbilder, sadistische Höllenstrafen, patriarchale Gerichtsszenen mit einem bärtigen, strafenden Herrgott – all das haben wir ja schon gesehen – müssen wir als das erkennen, was es ist: eine Ausbeutung von Ängsten und Bedürfnissen von vielen, um sich zu bereichern oder um die Macht der eigenen Institution auszudehnen. Billige Apokalyptik steht meist in imperialistischem Interesse, d.h. jemand will von unserer Angst profitieren.

»Apokalypse« bezeichnet eine Literaturgattung: die Offenbarungsschriften. Es entstanden viele Apokalypsen vor oder nach der Johannesapokalypse: diejenige des Henoch, des Baruch, des Elia, des Petrus, des Thomas, das 4Esrabuch, die Himmelfahrt des Jesaja u.v.a. Sie wurden nicht zum festen Bestand des Kanons und blieben apokryph, aber bekannt. Nun gibt es aber auch in biblischen Büchern apokalyptische Teile (Jes 24–27; Mk 13; Lk 21,24–33;

Röm 8,18f), ohne dass das ganze Buch eine Offenbarungsschrift genannt werden kann (– sondern Briefe, Evangelien, Sprüche der Propheten etc.). Apokalyptik bezeichnet aber nicht nur eine Literaturströmung, sondern auch eine theologische Perspektive. Wenn es ums Entlarven von Unrecht geht, ist die apokalyptische Wahrnehmung in ihrem Element. Viele apokalyptische Verfasser enthüllen die politischen Systeme als skrupellose Gewalten (z.B. im Buch Daniel und in der Offb). Sie nehmen die Not ihrer AdressatInnen wahr und messen ihre Theologie an dieser Not (z.B. in Mk 13 und Lk 21,24-33, sowie in der Offb). Sie entwerfen Visionen, die den Lesenden in einer bedrängenden Gegenwart zu Orientierungspunkten im Chaos werden können, zu Kraftquellen, die sie zum Gestalten ihres Lebens motivieren. Denn eines ist allen klar: die neue Schöpfung wird nicht aus heiterem Himmel in unseren Schoß fallen. Die Erde und Gott brauchen die Mitarbeit all ihrer Freunde und Freundinnen, wenn es je anders werden soll. Apokalyptik können wir insofern politische Literatur nennen, weil sie auf die Öffentlichkeit zielt, auf das, was alle angeht, auf die Zusammenhänge des sozio-politischen Lebens.

Leider ist die Geschichte der Apokalyptik von Missbrauch und Vorurteilen geprägt. Von den zwanzig und mehr Apokalypsen der ersten Jahrhunderte hat es eben nur die Offb geschafft, kanonisiert zu werden. Ihre Stellung als »letztes« Buch gibt ihrer Randständigkeit Ausdruck – um ein Haar hätte der Reformator Martin Luther sie noch ganz aus dem neutestamentlichen Kanon entfernt. Er hat das Buch mit sieben Siegeln nicht geschätzt. Dennoch regte die bilderreiche Sprache der Offb die Kunst an und das Jüngste Gericht wurde vielfach dargestellt.

2. Vom Ende der Welt

Vielen von uns wurde im Laufe ihrer Sozialisation die Hoffnung auf ein Ende vergällt. Weltuntergang – das klang auch in meinen Ohren mit dem Wort Apokalypse lange Zeit an – und nach Hoffnung klang das nicht. Die Befreiungstheologie hat für ein anderes Verständnis von Apokalyptik wichtige Begriffe neu erarbeitet. Sie versucht, den christlichen Glauben in die Geschichte und den Lebenszusammenhang der unterdrückten Menschen einzubetten. Damit schafft sie einen differenzierten Zugang zur Apokalyptik: Die apokalyptische Hoffnung auf das Hereinbrechen der Gerechtigkeit Gottes ist für Notleidende etwas ganz anderes als für Privilegierte. Für MachthaberInnen und diejenigen, die vom herrschenden Zustand profitieren, ist die Ansage eines Gottesgerichts aber angsterregend. Für die Bedrängten und Leidenden hingegen ist dies ein letzter Halt und wird zur Lebenskraft, aus der sie leben können.

»So ist die Frage, ob und unter welchen Bedingungen eine apokalyptische Stimmung, die Erwartung des Weltuntergangs mit Entsetzen oder mit Hoffnung verbunden ist (oder ob das eine falsche Alternative ist), eine historische und zugleich eine praktisch-politische.«[2]

Wir müssen uns über unseren Standort als Lesende klar werden. Lesen wir Endankündigungen als fürchterliche Bedrohung?

2 Jürgen Ebach, »Apokalypse – Zum Ursprung einer Stimmung«. In: Einwürfe 2, 1985, 5-61, 6.

Oder können wir in ihnen auch die Begrenzung des Schreckens erkennen – eine Unterbrechung der Gewalt, die in eine Vision einer neuen, gerechten Welt mündet? Ich glaube, wir verpassen das Wesentliche, wenn wir versuchen würden, die Apokalypse von einem neutralen Standpunkt aus zu lesen. Aus einer wohlgenährten Situation heraus kann einem Ende nichts abgewonnen werden. Es soll doch so weitergehen wie bis anhin, höchstens ein klein wenig modifiziert. Aus einer notvollen, als ungerecht erlebten Situation heraus ist aber gerade das Andauern des Unrechts, das Weitergehen des Status quo bedrohlich. So sehnen heute viele das Ende der Naturzerstörung herbei – und das heißt gerade *nicht das Ende der Welt*. Im Gegenteil: das Ende der Welt wird eintreffen, wenn die Biodiversität, die Ressourcen, Wälder, Meere und ihrer BewohnerInnen nicht respektiert werden. Durch eine Um- und Abkehr vom bisherigen Verhalten kann vielleicht etwas abgemildert werden. Also, für die einen sind »Umweltpropheten« UntergangsankündigerInnen, PanikmacherInnen – für die anderen sind sie HoffnungsträgerInnen, die die Zeichen an der Wand (siehe: der Schrecken Beltschazzars, Dan 5,25) öffentlich machen und benennen.

Auch unsere Alltagssprache enthält apokalyptische Weisheiten, aus denen wir lernen können. »Lieber ein Ende mit Schrecken als ein Schrecken ohne Ende« – das ist radikale Alltagsapokalyptik. Ein Ende hat immerhin *ein* Gutes: Es beendet eine ungute Situation und lässt einen neuen Anfang in Sicht kommen. Den Schrecken erlebt man ja bereits – so dieser weise Ausspruch. Es kann kaum schlimmer kommen. Das Schlimmste wäre nur, wenn der Schrecken noch weiter andauern würde.

»Wenn es so weiter geht, gibt es eine Katastrophe« – sagen die einen.
»Dass es so weitergeht, ist die Katastrophe« – sagte W. Benjamin.

Ich habe diese Sätze bei Ebach (s. Anm. 2) zum ersten Mal gelesen und habe sie nicht sofort verstanden. Es war aber die Zeit, in der die Nachrichten über sterbende Wälder in die Öffentlichkeit kamen. Ich begann die Bäume auch in der Stadt, an dichten Verkehrsstraßen als atmende Wesen zu verstehen, die, wenn sie könnten, wegrennen würden. Doch stumm und verwurzelt müssen sie die giftige Luft einatmen. Viele Menschen damals empfanden aber diese Nachrichten als Panikmache. So begriff ich diese Sätze: Die Einen – das sind die, die immer noch wegsehen, weghoffen, was bereits der Fall ist. Die anderen, so Walter Benjamin, die sehen anhand vieler Zeichen, dass die Katastrophe bereits begonnen hat. Allerdings entlarvt sich die Katastrophe als schleichend, diffus – aber nicht weniger giftig und bedrohlich. Wer aber Hoffnung aus Wegsehen schöpfen will, baut auf Sand. Solche Hoffnung trägt nicht, sie wird kein Motor der Lebenskraft. Christina Thürmer-Rohr hat dieser blinden »Hoffnung auf Besserung« schon lange den Untergang angesagt:

»Wir können es uns nicht leisten, das, was wir tun und sein können, auf eine Zukunft zu verlagern. Die Bewährungsprobe findet jetzt statt. Alles, was wir zu tun haben, haben wir jetzt zu tun.«[3]

3 Christine Thürmer-Rohr, Abscheu vor dem Paradies, in: Vagabundinnen. Feministische Essays. Berlin 1987, 29.

Die Apokalyptik will aufdecken, enthüllen, entlarven, wahrnehmen. Einer blinden Hoffnung ist kein Vertrauen entgegenzubringen, denn sie ist zu nahe mit Täuschung verwandt. Wir können es uns nicht leisten, wegzusehen und das Handeln auf morgen zu verschieben. Wenn nicht jetzt – wenn dann? Hoffnung äußert sich im Mut, genau hinzusehen. Das ist apokalyptischer Mut, der Handlungsraum eröffnet.

Handeln heißt im apokalyptischen Zusammenhang oft Widerstand leisten. Denn durch das Wahrnehmen des Leidens und der Analyse der Leiden hervorbringenden Mechanismen wächst der Wunsch, dagegen etwas zu unternehmen, damit es so nicht weitergeht. Darum ist die apokalyptische Theologie Widerstandsliteratur. In der Offenbarung kommen oft Märtyrer vor (Offb 2,13; 6,9; 7,14), die wir eher als »Widerständige« lesen sollten statt als harmlose Fromme. »Widerstehen« ist denn auch ein Leitmotiv der Offenbarung. In den folgenden Stellen heißt es wörtlich »wer siegt«. Die meisten Bibelübersetzungen geben dies wieder mit »wer überwindet«. Die Frage dabei ist: Was wird denn überwunden? Der Drache (s. Einführung) kann weder besiegt noch überwunden werden, schon gar nicht von einzelnen wenigen. Doch MärtyrerInnen leisten ihm Widerstand und erreichen dadurch andere, die aufhören, dem Drachen zu huldigen. Der Sieg von MärtyrerInnen besteht nicht darin, dass sie ihr Leben retten oder dem Drachen einen tödlichen Schlag erteilen könnten. In der Perspektive der Offb besteht ihr »Sieg« darin, dass sie sich dem Bösen nicht unterwerfen. Sie lassen es nicht in ihr Inneres hinein, sie weigern sich, ihm zu huldigen und sie versuchen, nicht an der Übermacht zu zerbrechen. Der Kaiser hatte die Macht, sie zu töten. Aber er hatte nicht die Macht über ihre Hoffnungen und über ihre Vorstellung von Gerechtigkeit. In diesem Sinn widerstehen MärtyrerInnen dem Bösen und bieten ihm die Stirn – auch wenn sie sterben. Darum empfehle ich, in der Offb statt »siegen« oder »überwinden« besser »widerstehen« zu lesen:

Wer widersteht, dem/der will ich zu essen geben vom Baum des Lebens, der im Paradies Gottes ist. Offb 2,7 LSR

Wer widersteht, dem/der soll durch den zweiten Tod kein Leid geschehen! Offb 2,11 LSR

Wer widersteht, dem/der will ich von dem verborgenen Manna geben und will ihm/ihr einen weißen Stein geben und auf dem Stein geschrieben einen neuen Namen, den niemand kennt, als wer ihn empfängt. Offb 2,17 LSR

Wer widersteht, den/die will ich zu einem Pfeiler im Tempel meines Gottes machen. Offb 3,12 LSR

Heute formiert sich Widerstand an vielen Teilen der Welt, wo Minderheiten diskriminiert werden, wo neue umweltbelastende Projekte lanciert werden, wo große Konzerne sich über lokale Regelungen und Regierungen über Menschengruppen hinwegsetzen. Diese Widerstandsorte sind Grund zur Hoffnung. So viele Menschen lassen es nicht zu, dass Lüge als Wahrheit verkauft wird und Unrecht als Freiheit. Ob sie Erfolg haben werden, ist nicht das Wichtigste. Sondern dass es sie gibt, dass sie es versuchen, dass sie in kleinen Schritten Widerstand leben, das ist das Wichtigste überhaupt.

Vielen dieser Bewegungen ist gemeinsam, wie Widerstand gelebt wird: Die Gewalt wird benannt und entlarvt, die Mittäterschaft wird aufgekündet, die Interessen von Bevölkerungsgruppen werden gegenüber wirtschaftlichen oder politischen Interessen Weniger betont. Dabei werden gemeinsame Visionen, die von gerechten Beziehungen (zwischen Menschen oder zwischen Menschen und der Natur) entwickelt und die gelungenen Schritte auf dem Weg der Befreiung werden gemeinsam gefeiert. Das sind Momente des gelungen Lebens.

Es ist ein Alltagswiderstand, der sich nicht nur in einzelnen »politischen Aktionen« formiert (das aber auch!), sondern der die ganze Lebensweise umfassen kann.

Ich möchte im Folgenden zeigen, dass wir diese genannten Dimensionen des Widerstandes auch in der Apokalypse des Johannes finden können. Auch Johannes entlarvt Gewalt, indem er schreckliche Szenarien (wie die sieben posaunenden Engel, die sieben Siegel, die sieben Plagen) schildert, die zeigen, wie bestialisch Kriegsheere und ihre Feldherren in der Gegenwart wüten. Er macht aber auch auf Unterbrechungsmöglichkeiten von Gewalt und auf die Möglichkeit des Verweigerns von Mittäterschaft aufmerksam. Deshalb ruft er zum Auszug aus den Gewaltzentren auf:

Dann hörte ich eine andere Stimme vom Himmel her rufen: Verlass die Stadt, mein Volk, damit du nicht mitschuldig wirst an ihren Sünden und von ihren Plagen mitgetroffen wirst! Offb 18,4 Einheitsübersetzung

Doch diese aufgeregten, leidenschaftlichen Passagen kommen immer wieder zu einem ruhigen Punkt. Die Lesenden werden zu feierlicher Sabbatstimmung geführt, zum Feiern der erlebbaren Gegenwart Gottes. Diese Gegenwart Gottes verwandelt alles und wird in mystischen Worten angedeutet. In Offb 7,1 hält ein Engel z.B. alle Winde an, damit es windstill wird und eine tiefe Ruhe einkehrt. Es entsteht eine Zeitinsel, eine Ausnahmezeit, in der die Welt den Atem anhält. Das ist nötig, um die Heere von Toten zu hören, die im Krieg umkamen oder von den herrschenden Mächten ausgebeutet und vernichtet werden. Sie tauchen in Offb 7,9f auf und singen leise, was nur zu hören ist, wenn alle Winde ruhen. Die Toten singen, auch wenn sie den Mächten zum Opfer gefallen sind. Singend leben sie bei Gottes weiter. Sie lassen es sich nicht nehmen, Sabbat zu feiern. Über sie heißt es:

Sie werden keinen Hunger und keinen Durst mehr leiden und weder Sonnenglut noch irgendeine sengende Hitze wird auf ihnen lasten. 17 Denn das Lamm in der Mitte vor dem Thron wird sie weiden und zu den Quellen führen, aus denen das Wasser des Lebens strömt, und Gott wird alle Tränen von ihren Augen abwischen. Offb 7,16-17 Einheitsübersetzung

Johannes setzt sich für eine Mitarbeit an Gottes neuer Welt ein. Dazu gehört der Sabbat mit dem Singen der Toten, wie das Hören auf die Tora und das Tun der guten Werke. Dies ist ganz einfach die Ethik und Spiritualität der jüdischen Tradition (Offb 2,2.13.19; 3,1.8.15). Wir könnten jetzt sagen: Was, ist das alles? War denn die Apokalypse politisch nicht brisanter? War denn das Jüdischsein so wichtig? Was hat das denn überhaupt mit der Mitarbeit an einer neuen Welt zu tun?

3. Nach der Katastrophe

Die Offb wurde wahrscheinlich gegen Ende des ersten Jahrhunderts geschrieben.

Für die jüdischen (und christlichen) Menschen war dies die Zeit nach dem großen Krieg, eine demütigende, erschöpfende Zeit nach der Zerstörung des Tempels und der blühenden Stadt Jerusalem. Zu Beginn der christlichen Zeitrechnung waren die RömerInnen im Land, das den Namen Palästina trug. Die römische Besetzung war militärischer und wirtschaftlicher Natur, die Bevölkerung ertrug sie ungern. Viele Zölle und Steuern erschwerten das Leben und den Handel.

Es formierte sich aktiver Widerstand, der um 66 zum offenen Krieg gegen die römische Übermacht führte. Die Niederlage um 74 war verheerend und das Land litt sehr unter den Kriegsfolgen.[4] Jerusalem wurde erdbodengleich gemacht, den jüdischen Menschen wurde verboten, sich in der Ruinenstadt aufzuhalten. Der Tempel wurde zerstört. Damit endete der priesterliche Tempelkult, denn die Opfer waren verunmöglicht. Aus der priesterlichen Religion entwickelte sich mit der Zeit die rabbinische Religion, die nicht mehr auf Tempeldienst baute, sondern auf Gottesdienst im Alltag. Jüdisch zu leben wurde im ganzen römischen Reich erschwert, da der anerkannte Status eines Juden/einer Jüdin nicht mehr nur religiös erschien, sondern auch politisch, sprich: mit Aufstand in Verbindung gebracht wurde.

4 Zur Bedeutung der Nachkriegszeit für die Lektüre des Markusevangeliums siehe: Luzia Sutter Rehmann, Dämonen und unreine Geister. Die Evangelien, gelesen auf dem Hintergrund von Krieg, Vertreibung und Trauma. Gütersloh 2023. Siehe auch: Jodi Magness, Masada. Darmstadt 2020.

Noch zwei weitere Kriege brachen nicht weit von der Abfassungszeit der Apokalypse entfernt aus: der ägyptisch-jüdisch-römische Krieg 115-117 und der Bar Kochba Aufstand 132-135. Einige moderne ForscherInnen weisen auf die einschneidenden Konsequenzen des Krieges von 66-74 hin und sehen sie als Ursachen von neuen Spannungen. So verpachteten die Römer eine große Menge Land, das jüdischen Menschen gehörte, an ihre Soldaten und Verbündeten. Dies verursachte Heimatlosigkeit und soziale Entwurzelung bei vielen landlosen Bauern und ihren Familien. Es scheinen vor allem diese Gruppen von Menschen gewesen zu sein, die Bar Kochba unterstützten.

Mit der Nennung dieser Kriege möchte ich zeigen, in welcher Zeit die Apokalypse des Johannes entstanden ist. Jüdischsein zu dieser Zeit war spannungsvoll. Die älteren AdressatInnen seiner Schrift hatten den Krieg in Palästina vielleicht miterlebt (vielleicht auch Johannes selbst), jedenfalls war ihre Vergangenheit von den Konsequenzen dieser Kämpfe geprägt. Die jüngeren unter ihnen erlebten vielleicht später einen der folgenden Kriege. Wenn wir die Szenen mit den Kriegsheeren (Offb 6,8; 9,3f; 11,7; 12,7; 13,7; 17,14) unter diesem Aspekt lesen, dass Johannes als ein vom Krieg und seinen Verheerungen Betroffener schreibt, wird es uns eher gelingen, den Schmerz und das Leiden zu sehen, als nur über die Gewalt zu erschrecken.

Johannes sagt von sich, er sei auf die Insel Patmos gekommen, »um des Wortes Gottes und des Zeugnisses Jesu willen« (1,9). Es scheint so, dass Johannes *verbannt* worden war. Es ist möglich, dass diese Verbannung aufgrund der Kriminalisierung des Verteilens von Flugschriften sowie der Prophetie (aber auch Astrologie und Wahrsagerei, Hellseherkunst und Magie) beruhte. Denn in zukunftsgerichteten Aussagen meinten die römischen Zensoren leicht staatskritische Töne zu hören, so dass sie alles auf Zukunft bezogene Reden mit Aufruhr in Verbindung brachten. Nach der herrschenden römischen Meinung sollte es gewiss *immer so weitergehen,* und jegliches Bild einer nahen Zukunft, das aus der Kritik an der Gegenwart gezeichnet wurde, war Staatskritik. Ob Johannes nur verbannt war oder zu Zwangsarbeit verurteilt, ob er gewaltsam deportiert und ob seine Verbannung auf Lebenszeit war, können wir kaum mehr entscheiden.

Vielleicht war der Seher Johannes ein Jude aus Palästina, wie zahlreiche ForscherInnen wegen der sprachlichen Anklänge an das Aramäische (die damalige Sprache in Israel) vermuten. Dann hätte er allerdings schon viel Gewalt erlebt, bis er auf die Insel kam!

Johannes schreibt jedenfalls als Prophet und Verbannter. Nach dem römischen Sieg in Palästina muss sowieso jegliches Zukunftsbild des unterworfenen Volkes nach Rebellion geklungen haben. Wir müssen die Verbannung des Johannes bei einer Auslegung im Auge behalten. Denn sie macht deutlich, dass seine Kritik an der römischen Welt leidgeprüft und aus bitterer Erfahrung stammt. Er spricht aus dem Recht der Betroffenen heraus. Aus dieser Erfahrung der Betroffenheit erwächst aber auch eine Qualität: Johannes ist sensibilisiert für Erfahrungen von Gewalt. Er nimmt Unrecht auch dort wahr, wo die einen noch nichts Böses vermuten und die anderen es als Schicksal ansehen würden. Damit gelingt es ihm, Unrecht aufzudecken und zu benennen.

4. Patmos, einst lieblich und baumreich

Johannes schreibt von sich selbst:

Ich bin auf die Insel Patmos gekommen, um des Wortes Gottes und des Zeugnisses Jesu willen. Offb 1,9 nZB

Er nennt sich Bruder und Mitgenosse von anderen in der Verfolgung. Welche Verurteilung er genau erlitten hat, wissen wir nicht. Da es heute schwer nachzuweisen ist, ob die kleine Insel Patmos zu Johannes' Zeiten eine römische Strafkolonie gewesen war oder nicht, kann es auch sein, dass der Aufenthalt auf Patmos eine literarische Fiktion ist. Nichtsdestotrotz wäre aber auch dies bedeutungsvoll. Johannes hatte diese Insel vor Augen. Er wusste, was auf ihr geschah.

Auf der kleinen heißen, trockenen Insel spricht Johannes von Bäumen und vom Wasser. Er sehnt ihre Nähe herbei.

Sie werden nicht mehr hungern und nicht mehr dürsten, und weder die Sonne noch irgendeine Hitze wird auf ihnen lasten. Offb 7,16 nZB

Die Bäume werden in 22,19 *Bäume des Lebens* genannt.
In einer ergreifenden Vision von zerstörtem Leben gehören die Bäume zum Ersten, was Johannes beklagt:

Und der Erste blies die Posaune: Da gab es Hagel und Feuer, mit Blut vermischt, und es fiel auf die Erde nieder. Und der dritte Teil der Erde verbrannte, und ein Drittel der Bäume verbrannte, und alles grüne Gras verbrannte. Offb 8,7 nZB

Warum Johannes hier von Dritteln spricht, kann ich nicht sagen. Doch von solchen Sachen möchte ich mich nicht verwirren lassen. Johannes konstatiert, dass in einem riesigen Brand weite Teile der Erde, samt der Bäume und allem Grünen verbrannt wurden. Heute kommen mir dazu die verheerenden Wald- und Buschbrände in Australien oder Kanada, ja auch in Europa, in den Sinn. Natürlich gibt es Waldbrände, die dem Wald auf die Dauer gar nicht schaden, sondern ihn erneuern helfen. Wenn Johannes von Waldbränden sprach, hatte er weder die maßlosen Überbauungen in Waldgebiete hinein, noch menschengemachte Trockenheiten, die Brände begünstigen, vor Augen. Johannes spricht aber von riesigen Bränden, die nichts mehr mit natürlichen oder kontrollierten Feuern zu tun haben. Johannes dürfte Kriegsbrände vor Augen haben, von denen der zeitgenössische Historiker Flavius Josephus geschrieben hatte. Feuer gehörte zu damaligen Kampfstrategien, die die Zivilbevölkerung am härtesten trafen. Auch im großen jüdisch-römischen Krieg wurde Feuer als Waffe eingesetzt:

Gerade dadurch verschärfte er den Krieg gegen das offenen Land nur noch mehr, und im Zorn über den Angriff verwüsteten die Römer ohne Unterlass Tag und Nacht die Felder der Galiläer, raubten das Eigentum der Landbewohner, töteten alle Kampffähigen und verkauften die Schwächeren in die Sklaverei. Ganz Galiläa war von Brand und Mord erfüllt, es blieb kein Leid und kein Unglück erspart.[5]

5 Flavius Josephus, De bello Judaico. Der jüdische Krieg. Griechisch-Deutsch. Hg. von Otto Michel und Otto Bauernfeind. Darmstadt 2013, 3.62-63.

Darauf ließ er nicht allein die Stadt, sondern auch alle umliegenden Dörfer und Landstädtchen anzünden; die meisten fand er verlassen vor, in den anderen ließ er die Bevölkerung in die Sklaverei verkaufen.[6]

Johannes schreibt nicht, wer den Brand gelegt hat. Es erscheint mir aber völlig an der Textintention vorbei, wenn wir die posaunenden Engel zu Brandstiftern machen. Engel sind BotInnen. Sie bringen eine Botschaft, die manchmal schön, manchmal aber auch unangenehm oder erschütternd sein kann. Darum sollten wir denjenigen Übersetzungen gegenüber skeptisch sein, die die Boten der schlechten Nachricht zu deren Verursacher machen. Die Engel in Offb 8 posaunen, aber sie legen kein Feuer! D.h. Engel machen auf Zerstörung aufmerksam, sie haben den Auftrag, aufzuwecken. Sie posaunen laut hinaus, was der Fall ist, nämlich die Zerstörung weiter Teile der Erde. Die Vision der posaunenden Engel ist der Moment, in welchem dem Seher Ohren und Augen aufgehen.

Johannes sagt nicht: »So ist es. Ich weiß es direkt von Gott, schwarz auf weiß habe ich es gelesen.« Johannes hat nur Klänge hört, nicht eindeutige Worte. Doch diese Klänge rauben ihm den Schlaf und wecken ihn auf. Nun muss er hinsehen, ob er will oder nicht. Und er beginnt zu verstehen, anders zu sehen: Er sieht die verbrannte, einst so liebliche, baumreiche Insel. Ein Drittel der Erde verbrannte. Er erkennt die Gewalt im Antlitz der kleinen Insel. Sah nicht auch Jerusalem so aus, als die Stadtmauern niedergerissen und die Stadt in Flammen gesetzt worden war? Das Wiedererkennen derselben Gewalt, die hier wie dort wirksam ist,

6 Josephus, ebd. 3.134.

ist schmerzlich, aber auch entlarvend. Ein Drittel der Bäume verbrannte. Auf Patmos herrschte kein Krieg, aber Raubbau. Große Teile der Insel wurden gerodet, um die Baumstämme verkaufen zu können. Aus ihnen wurden Schiffe für die römische Flotte gebaut. So verödete die Insel. Johannes sieht die abgeholzte Insellandschaft, wo die Verbannten unter der Sonnenglut leiden. Sie dürsten wie die Landschaft selbst nach Wasser. Ein Drittel des Grases verbrannte.

Johannes entwickelt seine Vision als Gegenerfahrung. Alles, was er jetzt entbehrt, was er als Unrecht wahrnimmt, die Gewalt-Zusammenhänge, unter denen die Lebewesen leiden, werden zum Material seiner Visionen. So spielt denn auch das Wasser eine große und zwar heilende Rolle in ihnen. Wenn Gott kommt, dann werden die Vertriebenen und Verbannten nicht mehr hungern und dürsten und den Elementen nicht mehr schutzlos ausgeliefert sein. Wasserquellen werden sprudeln (Offb 7,13-17) und sie werden eine neue Heimat finden. Die neu gebaute, wieder aufgebaute Stadt wird wasser- und baumreich sein:

Zwischen der Straße der Stadt und dem Strom, hüben und drüben, steht ein Baum des Lebens. Zwölfmal trägt er Früchte, jeden Monat gibt er seine Frucht; und die Blätter des Baumes dienen zur Heilung der Völker. Offb 22,2 Einheitsübersetzung

Für Verbannte, die auf einer Strafkolonie-Insel leben, klingt die Vorstellung, die Kleider waschen zu können, wahrscheinlich paradiesisch (Offb 2,14). Zudem ist dies auch als politische Metapher zu lesen: MärtyrerInnen waschen ihre Kleider in ihrem eigenen Blut. Damit distanzieren sie sich von den Mördern, die sich am

Blut der Armen besudeln. Die Kleider von der alles bedeckenden Gewalt zu waschen, eröffnet Zugang zu den Bäumen des Lebens (Offb 22,14). Mit diesen »Bäumen des Lebens« wird der schattenspendende Garten Eden eingespielt, der Traum vom Leben, von Heimat und Zukunft. Dank den Früchten und Blättern dieser Bäume werden die Menschen endlich ernährt und von einem Blätterdach geschützt.

Wer durstig ist, der komme! Wer will, empfange unentgeltlich das Wasser des Lebens! Offb 22,17 Einheitsübersetzung

Sind das verzweifelte Projektionen auf einen abwesenden Gott? Wird Gott einfach mit dem befrachtet, was Johannes gern hätte, ihm aber in der Gegenwart fehlt? Es kommt sehr darauf an, wie wir solche Visionen lesen. Wir können sie als Versionen eines Paradieses, eines Schlaraffenlandes lesen, die sich beim genaueren Hinsehen als Träumereien entpuppen, denen allenfalls noch ein vertröstender Wert zukommt. Doch ich lese die apokalyptischen Visionen als Entwürfe voller Kraft, die nach vorne ziehen. Sie sind wie Pfeile, an denen aber ein Seil ist, das mich ein Stückchen mitzieht. Denn die Visionen des Johannes machen deutlich, woran die Erde und ihre Menschen leiden, und was ihnen guttun würde. Damit enthalten sie nicht nur Kritik an der Gegenwart, sondern auch ein Stück Weg, der aus dieser misslichen Lage hinausführt. Es wird deutlich, dass durch das Wachsen von Bäumen Lebensqualität erwächst. Ein Aufforstungsprogramm ist das noch nicht, aber ein Appell zum Abwenden von Gewalt, von Kahlschlag jeder Art oder zumindest vom Zimmern von Handels- und Kriegsflotten (vgl. Offb 18,17f).

5. Schöpfungsspiritualität

Wenn es gelingt, die apokalyptischen Bilder neu wahrzunehmen, werden sie zu Inspirationsquellen. Gott ist spürbar – wenn Wasser fließt[7], wenn Bäume wachsen, wenn Menschen geheilt werden (Offb 22,17). Der neue Himmel und die neue Erde – welche Sehnsucht liegt in diesen Worten! Johannes träumt nicht mit geschlossenen Augen, weltabgewandt, im stillen Kämmerlein. Seine Augen sind weit offen – und viele Boten arbeiten daran, dass sie offen bleiben. Er sieht die kahlen, vor Hitze vibrierenden Felsen und den Durst der Mitverbannten, die wie er nach Wasser lechzen. Er hört die Erde und ihre BewohnerInnen nach Wasser des Lebens rufen. Hier ist keine jenseitige Theologie am Werk und dualistische Weltverachtung. Auch eine Abwertung des Leiblichen oder ähnliches kann ich nicht feststellen. Die Bilder, die Johannes vor Augen flimmern, und die Sehnsucht nach Gott verschmelzen in der Gegenerfahrung, der bruchstückhaften, jetzt schon erlebten Gottesnähe inmitten einer bedrohten/bedrohlichen Welt.

Damit wären wir bei einem weiteren Faden, der durch das Textgewebe der Offb führt: die neue Schöpfung, die voller Gerechtigkeit blüht, tropfend vor Frieden und Leben in Fülle (Schalom).

Es ist nicht wahr, dass die Apokalyptik jenseitsorientiert ist. Oder anders gesagt: Das Jenseits, das in der Offb durchzuschimmern beginnt, ist ein Jenseits von der Gewalt, ein Jenseits von der

7 Fast ein Drittel Europas ist derzeit von einer frühzeitigen Dürre betroffen und 10% des Kontinents befinden sich in einer Wasserkrise, so die Europäische Dürrebeobachtungsstelle. Spanien und Frankreich leiden unter großem Regenmangel, aber auch in Deutschland breitet sich die Austrocknung der Oberböden fort. https://www.ipcc.ch/report/sixth-assessment-report-cycle/. (14.6.23)

Unrechtsgeschichte, aber nicht ein Jenseits von der materiell-sinnlichen Welt. Johannes sagt der Unrechtsgeschichte das Ende an, die »ewige« Kriegsgewalt soll aufhören. Denn auf der neuen Erde soll es keine Entbehrungen mehr geben. Die Sprache des Johannes ist ganz deutlich auf diese Erde ausgerichtet, hier wird gelitten, entbehrt, gekämpft und gestorben. Transzendiert werden die Missstände – nicht die Leiblichkeit. Johannes denkt nicht an eine Überwindung der Erde, an eine »verklärte« leibliche Natur ohne Verletzlichkeit oder Vergänglichkeit. Er will die Erde geheilt sehen, die Flüsse voller Wasser, Menschen und Tiere genährt.

Sein tiefes Verlangen nach Heilung widerspiegelt sich auch in seiner mystischen und poetischen Sprache. Die Erde arbeitet selbst mit an der Materialisierung des neuen Jerusalem. In Offb 21,11-21 werden die Schätze der Erde in prächtigsten Farben geschildert, Schätze, die aus dem Innern der Erde (sowie aus den Tiefen des Meeres) kommen: Edelsteine und Perlen.

Die Grundsteine der Mauer um die Stadt waren geschmückt mit allerlei Edelsteinen. Der erste Grundstein war ein Jaspis, der zweite ein Saphir, der dritte ein Chalzedon, der vierte ein Smaragd, 20 der fünfte ein Sardonyx, der sechste ein Sarder, der siebente ein Chrysolith, der achte ein Beryll, der neunte ein Topas, der zehnte ein Chrysopras, der elfte ein Hyazinth, der zwölfte ein Amethyst. 21 Und die zwölf Tore waren zwölf Perlen, ein jedes Tor war aus einer einzigen Perle, und die Straße der Stadt war aus reinem Gold wie durchscheinendes Glas. Offb 21,19-21 Luther

Die Schätze der Erde verbinden sich mit dem Schatz des Himmels, der göttlichen Kraft, die Neues schafft. Aus diesen Schätzen zeichnet Johannes das Bild der neuen Stadt, einer neuen Gemeinschaft. Diese Edelsteine aus dem Inneren der Erde verkörpern Sinnlichkeit, Segen und Schönheit. Die neue Stadt wird aus diesem Material gebaut, das Bestand hat und ein Geschenk der Erde ist. Hier wird gerade kein Luftschloss konstruiert. Mir ist dieses Zusammenkommen von oben und unten im ökologischen Zusammenhang sehr wichtig. Denn Johannes schildert nicht einen Sieg des Himmels über die Erde, des Geistes oder der Ideale über die Materie. Das Neue entsteht aus Verbindung. Die Erde öffnet dafür ihre Kammern. D.h. Höhlen öffnen sich, Verborgenes wird offenbar, das Innerste kommt nach außen und zeigt sich. Dasselbe bahnte sich in den zahlreichen Erdbeben an, die in der Offb immer wieder angetönt werden. Sie sind Lebenszeichen der Erde, die den Erlösungsprozess vorantreiben (Offb 6,12f; 11,13). Diese Beben können wir als Wehen der gebärenden Erde verstehen, einer Erde, die an der Welt Gottes mitarbeitet und sich bei ihrer Entbindung verwandelt und selbst neu wird.[8]

Die Offenbarung erzählt eine Schöpfungsgeschichte. Aus der alten Erde wird allmählich eine andere. Sie wird erneuert, unten und oben mischen sich neu, Unrecht verschwindet und Gerechtigkeit schlägt Wurzeln. Es geht aber nicht darum, die erste Schöpfung als überwunden zu betrachten. Dies wurde und wird oft in Kommentaren so verstanden, die die alte Schöpfung mit Vergänglichkeit und Sinnlichkeit assoziieren, die dann in der neuen Schöpfung aufgehoben seien. Oder, noch schlimmer, die

8 Luzia Sutter Rehmann, Das vierte Esrabuch: Vom Ringen um ein neues Leben, von der sich erfüllenden Zeit und der Verwandlung der Erde. In: Luise Schottroff, Marie-Theres Wacker (Hg.): Kompendium Feministische Bibelauslegung. Gütersloh 1998, 450-458; Luzia Sutter Rehmann, Geh, frage die Gebärerin. Feministisch-befreiungstheologische Untersuchungen zum Gebärmotiv in der Apokalyptik. Gütersloh 1995.

alte Schöpfung wird mit der jüdischen Religion in eins gesetzt, die dann durch Christus und die Kirche abgelöst worden sei. Dies ist aber eine antijudaistische Verzerrung. Die alte Schöpfung ist es ja selbst, die aktiv an ihrer Erneuerung mitarbeitet! Die bebende Erde zeigt, wie sehr sie sich nach Erlösung sehnt! Die Erde schüttelt mit aller ihr zur Verfügung stehenden Kraft das Joch der Ausbeutung ab. Ihre Erneuerung ist die Herstellung des Schalom, der Nähe Gottes.

Im ersten Schöpfungsbericht (Gen 1,31) wird die Erde gut und schön geschaffen. Die Erneuerung dieser Schöpfung steht am Ende des Neuen Testaments. Zwischen diesem ersten Schöpfungsbericht und der Offenbarung liegen viele Seiten der Bibel, die erzählen, was im Verlauf der Geschichte geschah. Johannes fasst dies in wenigen Versen zusammen. Die apokalyptischen Reiter in Offb 6 offenbaren, dass aus der schönen Erde ein Schauplatz der fürchterlichsten Ungerechtigkeiten wurde. Dennoch ergreift die Erde jede Möglichkeit, Gottes Willen zu unterstützen, so etwa wenn sie den Mächtigen der Erde vor dem Zorn Gottes keinen Schutz bietet (Offb 6,15-17). In 14,3 kooperiert sie mit Gott: Sie entlässt die unschuldig Getöteten aus ihrem Schoß, wo sie sie bewahrt hatte. Im Innern der Erde werden die Ermordeten vor dem Zunichtemachen bewahrt. Ihre Spuren erzählen von ihrem Leben und Tod, von der Ungerechtigkeit und sie schreien nach Recht, danach, dass wir sie anhören und uns der Verantwortung stellen. Auch in diesem Sinn hat die Erde eine wichtige Aufgabe, eine Kooperation mit Gott: Sie vertuscht das Unrecht nicht, sie bewahrt die Zeichen der Gewalt, auf dass Gott komme und Gerechtigkeit schaffe. Für Johannes ist die Erde unsere beste Verbündete, wenn es um Unterbrechung von Gewalt geht. Dieses Vertrauen auf die

Erde finden wir auch im Brief an die Gemeinde in Rom, den Paulus geschrieben hat:

Ich halte nämlich dafür, dass die Leiden der jetzigen Zeit nicht gleich schwer wiegen wie die kommende Pracht, die an uns enthüllt werden wird. Denn die tiefste Sehnsucht der Schöpfung ersehnt das Sichtbarwerden der Kinder Gottes. Denn die Schöpfung ist der Gottesferne unterworfen gegen ihren Willen, aber durch den des Unterwerfers, in der Hoffnung, dass auch die Schöpfung befreit werde von der Sklaverei der Lebensverhinderung zur Freiheit des Glanzes der Kinder Gottes. Wir wissen nämlich, dass die gesamte Schöpfung zusammen schreit und mitgebiert bis jetzt. Röm 8,18-22 LSR

Die Erde arbeitet mit an ihrer Erlösung von der Gewalt. Auch Paulus sieht in der Schöpfung eine verbündete Kraft, die die Geburt der neuen Welt herbeisehnt. Paulus hört die Schreie der Schöpfung, die er als Geburtsarbeit liest. Sowohl Paulus wie Johannes sehen Zeichen, Anzeichen der Erlösung und ziehen diese Linien aus auf eine neue, verwandelte Erde hin, einen erneuerten Kosmos. In der Offb ist diese Linie noch verstärkt durch die Siebenzahl, die den Siebener-Rhythmus des Schöpfungsberichtes aufnimmt (die sieben Gemeinden in Offb 2-3; sieben Siegel 6,1; die sieben Posaunen 8,6; die sieben Schalen 15,7). Das ganze Buch ist von dieser Zahl durchwirkt. Die Schöpfung zielt auf den siebten, geheiligten Tag, an dem selbst Gott Pause macht und neuen Atem schöpft.

Die Sabbatruhe spielt daher eine wichtige Rolle (Offb 1,10; 7,1-17; 14,1-13 und 21). Denn am Sabbat haben nicht nur alle frei, sondern sind alle frei – auch die Fremden, die Frauen, die

SklavInnen und selbst das Vieh sollen an diesem Tag ausruhen können (Ex 20,10) – deshalb wird die Sabbatruhe immer wieder eingefordert als Tag der Befreiung von aller Knechtschaft. Dies betrifft sogar die Toten, die am siebten Tag von ihrer Arbeit, dem Totsein, befreit sind. Wenn die Toten Sabbat feiern, dann erheben sie sich und beginnen zu singen:

»Und alle Toten ruhen am Sabbattag, und sie kommen, Scharen über Scharen, und sie singen vor dem Heiligen, er sei gesegnet, und sie kommen und werfen sich in den Synagogen anbetend nieder, um das zu bestätigen, was (in der Schrift) gesagt ist: Die Frommen werden in Ehren frohlocken ... (Ps 149,5). Und an allen Sabbaten und Neumonden stehen sie lebendig aus ihren Gräbern auf und kommen und empfangen das Antlitz der Schechina und werfen sich vor ihm nieder.«[9]

Die Toten hören wir in der Offb an vielen Orten singen, ein Rauschen liegt dann in der Luft wie von vielen Wassern (Offb 1,15; 14,2-3; 19,6), von Donnern, Harfen oder anderen, unbenennbaren Chören (5,12; 7,10). Am Sabbat hört Johannes sie singen, die Ermordeten, denen Gewalt angetan wurde, feiern den Ruhetag. Der sog. natürliche Tod ist kein Thema in der Offenbarung. Die Begrenztheit des Lebens, die Vergänglichkeit des Ichs wird akzeptiert, aber nicht das Unrecht. Damit sind wir längst bei einem weiteren Thema: der Gerechtigkeitsarbeit. Die neue Schöpfung ist das Resultat dieser Arbeit. Oder anders: die Gerechtigkeitsarbeit

9 Karl Erich Grözinger, Musik und Gesang in der Theologie der frühjüdischen Literatur. Tübingen 1982.

ist ein dynamischer Prozess, der zu einer neuen Schöpfung führen wird, auf der Gott wohnen kann und Hass, Gier und Gewalt nicht mehr sein werden. Johannes weiß um die Notwendigkeit dieser Arbeit. Aber, wer wird sie tun? Die Offenbarung gehört zur MärtyrerInnen-Literatur, zur Widerstandsliteratur. Das gibt deutlich eine Richtung an: Gott braucht die Hilfe seiner Freunde und Freundinnen. Johannes ermuntert immer wieder seine AdressatInnen zu widerstehen, Widerstand zu leisten, nicht aufzugeben.

Er selbst stellt sich als Verbannter auf Patmos dar, als Jude unter römischer Befriedung. Ich nehme an, dass die römischen Behörden Johannes als Widerständigen einstuften, sonst hätten sie ihn wohl kaum auf Patmos verbannt. In Offb 2,13 erwähnt Johannes einen Antipas, der ermordet wurde. Überall in der Offenbarung begegnen wir Toten, Scharen von MärtyrerInnen, die der Gewaltherrschaft die Stirn geboten haben. Das römische Imperium war für die jüdische Bevölkerung nach der Zerstörung Jerusalems ein bedrohliches Regime. Unter Kaiser Domitian wuchs es zu einer Schreckensherrschaft aus. Ich denke dabei sofort an die vielen bekannten und mir unbekannten Menschen, die heute ins Gefängnis geworfen werden, weil sie für Menschenrechte, Bürgerrechte in ihrem Land eintreten. Domitian ist längst verschwunden, nicht aber der Schweif der Gewalt, den er hinter sich herzog. Für Johannes sind die Ermordeten in leuchtende Gewänder gehüllt, er wünscht ihnen diese wunderbare Kleidung, nachdem sie nackt und bloß gedemütigt wurden. Auf der metaphorischen Ebene werden die Toten in ein wunderbares Gewebe eingehüllt, das sie zu leuchtenden Orientierungspunkten macht. Ihre Bekleidung ist Teil eines Gewebes der Gerechtigkeit, das die Welt umspannt, sie zusammenhält und Grund zur Hoffnung ist.

Johannes entlässt die Ermordeten nicht aus seinem Leben. Vielmehr öffnet er in seinen Visionen Fenster, so dass die Lebenden die Toten hören können (Offb 4,11; 5,9-10; 5,12-13; 7,9-11; 14,2-3; 19,1-2; 19,6-8). Ihre Schreie und Lieder gehören zur gefährlichen Erinnerung, die Unrecht wach hält und die Lebenden bei ihrer Verantwortung unterstützt. Denn die Toten lobpreisen Gott nicht nur, sondern fordern auch ungeduldig Gerechtigkeit ein:

Und sie schrien mit lauter Stimme: Wie lange noch, Herrscher, Heiliger und Wahrhaftiger, zögerst du, zu richten und unser Blut zu rächen an denen, die auf der Erde wohnen? Offb 6,10 nZB

Allan Boesak[10] – ein Befreiungstheologe aus Südafrika – erzählt von seinen Freunden und Freundinnen, dass sie auf der Straße, bei Demonstrationen, bei Beerdigungen, vis-a-vis von Polizei und Militär gesungen haben. Dieses Singen können wir uns als Einfordern von Leben und Gerechtigkeit vorstellen. Es sind verdichtete Gebete, Lieder, Visionen, die die Hoffnungen derer ausdrücken, die neues Leben herbeisehnen.

Gcina Mhlophe kennt den schmerzvollen Weg aus der Apartheid Südafrikas. Wie eine Prophetin besingt sie das Kommen von weiterem Leiden und einer besseren Zeit:

10 Allan Boesak, Schreibe dem Engel Südafrikas. Trost und Protest in der Apokalypse des Johannes. Stuttgart 1988.

Die Geschichte unserer Zeit

Wenn eines Tages
Die hinreißende
Geschichte unserer Zeit
Wird denen erzählt werden,
Die noch nicht geboren sind,
Die jedoch mit freundlicherem Gesicht
Ihr Kommen ankündigen,
Werden wir,
Die wir am meisten gelitten haben,
Allen anderen vorangehen.
Doch da dieser Augenblick
Unserer Zeit noch weit voraus ist,
Bedeutet es,
Dass noch viel mehr Leiden
Vor uns liegt.

Aber schön ist es,
Die Welt mit Augen zu sehen,
Die noch nicht geboren sind,
Und großartig das Bewusstsein,
Auf der Gewinnerseite zu stehen,
Wenn rings um uns her
Noch immer Kälte herrscht
und Dunkelheit.[11]

11 Gcina Mhlophe, Love Child. Die Geschichtenerzählerin aus Südafrika. Wuppertal 1996, 9.

Johannes beantwortet also die Frage, wer denn die Gerechtigkeitsarbeit tut: Er sieht die Schöpfung, wie sie bebt und mitarbeitet, ihre edelsten Steine gibt, er sieht ihren Durst nach Wasser. Die Toten hört er rufen und singen. Auch sie arbeiten mit, damit Gottes neue Schöpfung Wirklichkeit wird. Er macht uns Lesende darauf aufmerksam, dass wir mehr sind, als wir meinen. Wir haben die Erde als verbündete Kraft und die Ermordeten als gefährliche Erinnerung, die uns Motivation und Unterstützung geben. Sodann haben wir Gott und viele Engel auf unserer Seite. Johannes macht uns unermüdlich auf die Zeichen aufmerksam, die uns entgehen. Ein Zeichen am Himmel – ruft er, der Hellsichtige, und sucht, ob da nicht doch Hilfe zu sehen ist.

Und ich sah und hörte: Ein Adler flog hoch am Himmel und rief mit lauter Stimme: Wehe! Wehe! Wehe den Bewohnern der Erde! Offb 8,13 Einheitsübersetzung

Johannes hört nicht einfach einen Adler schreien, der Vogel spricht vielmehr für ihn. Ein Vogel, der wehe! ruft, ist für viele ein schlechtes Omen. Das kommt daher, dass wir in Gefahr stehen, unseren Pessimismus, unsere Angst zu projizieren. Ein Adler, der schreit – während Gewalt und Krieg auf der Erde tobt – ist für mich ein berührendes Zeichen der lebendigen Mitgeschöpfe, die mit der Erde und ihren BewohnerInnen (wozu sie ja auch gehören!) Erbarmen haben. Den Schrei des Adlers lese ich nicht als Drohung oder als vernichtendes Urteil, sondern als Appell, unsere Ohren und Augen zu öffnen. Der Adler wehklagt über das, was er sieht. Er kann sich in die Lüfte schwingen, doch die ErdbewohnerInnen können das nicht. Seinen Schrei höre ich als

Empathie, als Mit-Verzweiflung über die Ausmaße an Not, die er weitblickend erkennt. Johannes hilft mir, den Adler zu sehen und zu hören und mich verbunden zu wissen.

3
Die Faszination des letzten Buches

1. Zeugnisse des Widerstands

Waldbrände, Dürreperioden, Überschwemmungen, Felsstürze, Riesenstürme ... Wachen die PolitikerInnen denn nicht auf? Es geht um alles gleichzeitig – um Erneuerung von Infrastruktur und Abkehr vom Ressourcenraubbau, um Prävention und Rückbau. Zudem müssen aktuelle Katastrophen bewältigt werden. Auf politischer und wirtschaftlicher Ebene müssen Weichen gestellt und Maßnahmen durchgesetzt werden. Aber bevorstehende Wahlen verhindern meist einschneidende Maßnahmen, denn PolitikerInnen fürchten, dafür von der Stimmbevölkerung abgestraft zu werden. Und dann? Und jetzt? Was machen wir?

Carola Rackete war Kapitänin auf der Sea-Watch 3, die im Mittelmeer MigrantInnen in Seenot zu retten versuchte. Nachdem ihr Schiff im Sommer 2019 wochenlang darauf gewartet hatte, 40 gerettete Menschen an Land bringen zu können, setzte sie sich über das Verbot des italienischen Innenministeriums hinweg und brachte die Menschen an Land. Sie sagte, die Sicherheit für die geretteten Menschen sei auf dem Schiff nicht mehr gewährleistet. Daraufhin wurde sie angeklagt und das Schiff wurde festgesetzt.

In dieser Zeit schrieb sie ein kleines Büchlein. Sie dachte darin über die Zusammenhänge von Klimawandel und Flucht nach, über die Aufgaben des Rechtsstaates und der Zivilgesellschaft. Sie kam zum Schluss, dass jetzt die Zeit ist, Verantwortung zu übernehmen und zu handeln.

»Es ist der Zeitpunkt, an dem wir generationenübergreifend erkennen, dass das politische System versagt. An dem wir den pseudogrünen Glücksversprechen der Firmen und Großkonzerne nicht länger zuhören werden ... Ob 1930 der Salzmarsch von Ghandi, 1976 der blutig niedergeschlagene Aufstand der Schulkinder von Soweto oder die friedliche Revolution in der DDR von 1989: Die Menschen, die diese Bewegungen trugen, waren in ihren fundamentalen Rechten betroffen. Und sie hatten einen Ausweg im Sinn, etwas, das sie unbedingt erreichen wollten. Dieser Weg, den ich sehe – das, was unbedingt passieren muss –, ist der Grund, in der Seenotrettung wie auch im Kampf gegen den Zusammenbruch der Ökosysteme. Es sind nur unterschiedliche Seiten ein und desselben Systemproblems.«[1]

Rackete bringt zwei große Problembereiche zusammen, die in der Öffentlichkeit oft getrennt behandelt werden: Migration und Erderhitzung. Vor allem aber dieses »Jetzt!« der Kapitänin berührt

1 Carola Rackete, Handeln statt Hoffen. Aufruf an die letzte Generation. München 2019, 144-145.

mich. Ich bin keine Aktivistin. Auf einem Schiff würde ich sogleich seekrank. Ich kann nicht viel mehr als lesen und schreiben. Das tue ich aber und verstehe mich als Befreiungstheologin auf der Seite derjenigen, die um ihre fundamentalen Rechte kämpfen. Schreiben ist manchmal so wenig angesichts der Ungerechtigkeit in der Welt. Bibellesen erscheint als das definitiv inadäquate Mittel, wenn es darum geht, das Ruder herumzureißen. Darum bin ich Menschen wie Carola Rackete dankbar für ihren Mut. Ihre Hoffnung ist auf Konkretes ausgerichtet. Eine solche Hoffnung finde ich tröstlich. Es gibt zu viel Hoffnungsrede, die mich kribbelig macht. »Hoffen wir, dass es bald einmal ändert ...« – nein, es gibt zu viel auf der Welt, das ändern muss und sich nicht von selbst ändern wird.

Allerdings gibt es auch eine Hoffnung, die subversiv ist. Gegen den Augenschein zu hoffen, kann je nach dem widerständig sein. Ich sehe diese widerständige Hoffnung in biblischen Texten wie der Offenbarung des Johannes. Wohlgemerkt: ich unterscheide Hoffnung von Hoffnung, hoffen von hoffen. Zudem nehme ich die Erfahrungen von Menschen, die gehofft haben, als Grundlage meiner Überlegungen. Einfach »schöne Hoffnungen« zu skizzieren, erachte ich als sinnlos bis lähmend. Aber ich möchte wissen, was der Seher der Offenbarung vor Augen hatte, wenn er Visionen in den Raum stellte. Ich möchte kritisch-hoffend in die Welt sehen können, Unrecht benennen, Missstände aufdecken und mich nicht täuschen lassen von beruhigenden Hoffnungen.

Wenn die Toten nicht aufgeweckt werden, lasst uns essen und trinken, denn morgen sterben wir. 33 Lasst euch nicht täuschen! 1Kor 15,32-33 BigS

Als Paulus an die kleine Gemeinde in Korinth schrieb, hatte er andere Sorgen als wir heute. Dennoch können wir von ihm lernen. Die Welt, die er vor Augen hatte, war von der Macht der römischen Kaiser geprägt. Sie regierten, indem sie Privilegien unter den mächtigen Familien verteilten, Prunk demonstrierten und Härte zeigten. Die große Mehrheit der Bevölkerung hatte dazu nichts zu sagen. Für viele war es schon toll, wenn sie an den Kampfspielen in der Arena zuschauen konnten. Solche Arenen gab es überall in den römischen Städten, rund um das Mittelmeer herum. Jede mittlere Stadt hatte eine solche aufzuweisen. In diesen Arenen wurde hingerichtet, getötet als Volkssport. Viele Tiere wurden auf Schiffen herbeitransportiert und viele Gefangene wurden für diese »Spiele« bereitgehalten. Die Armen lebten in Gefahr, eines Tages in diesen Arenen zu sterben, weil sie gestohlen hatten oder aufbegehrt.

Hier wurde gezeigt, wer oben war – und wer zuunterst um sein/ihr Leben kämpfen musste. Obwohl sie eh keine Chance hatten. Sie kämpften wahrscheinlich gar nicht, sondern starben in großem Schrecken. Eigentlich waren dies keine Spiele, sondern sehr brutale Machtdemonstrationen und damit pure Politik. Auf den Rängen der Arenen saßen die römischen BürgerInnen, abgestuft hinter einander. Zu unterst saßen die Mächtigen, für Frauen und Kinder und SklavInnen waren die Stufen zu hinterst, die höchsten und am weitesten entfernten, vorgesehen. Es brauchte Mut, zu unterst zu sitzen, denn die gebotenen Spektakel waren wirklich grässlich. Wobei, ich würde es nicht »Mut« nennen, sondern Gefühllosigkeit, Härte.

Paulus warnt also, man soll sich nicht täuschen lassen. Sich in falscher Sicherheit wiegen, das kann einem leicht passieren.

Man kann sich vom Prunk und dem Auftreten anderer täuschen lassen. Auch die nackte Rechtlosigkeit der Verurteilten, »Todgeweihten«, kann täuschen. Für Paulus sind es aber Menschen, die diesen Tod nie und nimmer verdient haben. Wer kann sicher sein, nicht selbst eines Tages in der Mitte zu landen? Wer kann in einem Unrechtsstaat überhaupt sicher sein? Die Arena-BesucherInnen mögen gerufen haben, dass eines absolut sicher sei: dass die Toten nie und nimmer aufstehen! Vielleicht haben sie dazu gelacht, sie wissen ja, wie sterben aussieht. Tot ist tot! Paulus wehrt sich auch gegen diese Sicherheit. Was, wenn die Entrechteten doch aufstehen? Wenn sie eines Tages ihr Recht einfordern? Vielleicht hat Paulus geahnt, dass sich die jüdische Bevölkerung im Osten des römischen Reiches bald gegen ihre Herrscher erheben wird.

1Kor 15,32-33 wird oft christozentrisch gelesen: Es gehe Paulus nur um die Auferstehung Jesu. Da dieser aus dem Grab auferstanden sei, könne man doch hoffen, dass auch seine AnhängerInnen nach dem Tod auferstehen werden. Diese Lesart versteht diese Verse metaphorisch, als ob es nur um innerliche oder jenseitige Auferstehung gehe. Luise Schottroff jedenfalls liest Paulus anders, 1Korinther liest sie als Zeugnis des Widerstands.[2] Die Arenen verbreiteten eine ständige Angst, die auch durch das Grölen und Klatschen der Menge nicht übertönt werden konnte. In ihnen wurden römische Werte und Stärke propagiert. Die römischen BürgerInnen auf den Rängen wurden als ZuschauerInnen zugelassen. Das war ihre Rolle in den Augen der Mächtigen: zuschauen und applaudieren. Wer das Bürgerrecht verwirkte, landete in der Mitte der Arena.

2 Luise Schottroff, Der erste Brief an die Gemeinde in Korinth. Stuttgart 2013, 310.

Die Schriften des Alten Testaments bewahrten die jüdischen Menschen in diesem Sinne davor, sich täuschen zu lassen. Die Frauen und Männer, an die Paulus seine Briefe adressierte, waren zumeist jüdisch. Sie wussten, dass viele Propheten gewaltsam ums Leben gekommen waren. So war Daniel z.B. in die Löwengrube (Kapitel 1) geworfen worden. Auch Jesus von Nazaret war ans Kreuz geschlagen worden. Paulus schreibt, dass auch er schon zu den »Tieren« verurteilt worden war (1Kor 15,30-32) – nicht weil er eine Unrechtstat getan hätte, sondern weil er sich für Menschen eingesetzt hatte. In 1Kor 15,32 erzählt er, dass er mit wilden Tieren hat kämpfen müssen. Er kennt die Welt von unten, nicht nur von den Rängen aus. Machtdemonstrationen durchschaut er. Er lässt sich nicht mehr täuschen.

Er appelliert darum in seinen beiden Briefen an die Gemeinde in Korinth, Spaltungen in der Gemeinde politisch zu verstehen. Das römische Machtsystem vergibt Abzeichen und Ränge. Doch in einer Gemeinde soll es nicht so sein. »Wir sind die Starken – ihr gehört zu den Schwachen« das ist für Paulus gemeinschaftsschädigendes Denken. Zudem hält er diese Zerteilung und Abstufung für menschenverachtend und politisch motiviert. Lasst es nicht zu, dass ihr gegen einander ausgespielt werdet! Wählt den Weg der Solidarität mit den Ärmsten und Gott wird euch auf diesem Weg unterstützen! Die Gemeinde soll ein von Leben vibrierenden Netz sein, ohne diese Ränge und Machtdemonstrationen. Wer sich auf die Seite derjenigen stellt, die in den Arenen gekreuzigt, vergewaltigt und abgeschlachtet werden, stellt sich zum Messias Jesus, der auch zu den Gewaltopfern der damaligen Mächte gehört. Die Einteilungen in wertvoll und wertlos oder weniger wert, in stark und schwach oder marginal soll aufgegeben werden zum Wohle aller.

Heute würden wir Paulus für einen Aktivisten halten, der sich für Menschenrechte einsetzte und deswegen mehrmals eingesperrt wurde. Die Legende erzählt, dass er in Rom hingerichtet wurde. Seine Hoffnung war kritisch gegenüber aller Hoffnung, die vertrösten und beruhigen wollte. Er hoffte aber darauf, dass die Toten aufstehen und gemeinsam mit den Lebenden dieses Gemeindenetz stärkten. Er lernte und lehrte aus den Schriften, was Solidarität und Erinnerung bedeuten konnten. Er versuchte die Solidarität mit allen Menschen auszudehnen auf den ganzen Mittelmeerraum. Ich wünsche mir das noch heute. Ich finde es unerträglich, dass in unserer Mitte zehntausende MigrantInnen zugrunde gehen, weil sie ein besseres Leben suchen.

2. Und die Schwangeren?

Ich stelle noch ein weiteres Zeugnis an den Anfang. Das Lukasevangelium wurde nach dem großen jüdisch-römischen Krieg geschrieben. Es verarbeitet den Tod Jesu am Kreuz beispielhaft für die vielen Tode, die der jüdischen Bevölkerung in dieser Zeit angetan wurden. Was dem Messias Jesus geschah, war auch vielen anderen geschehen. Sie wurden geschlagen, verspottet und zur Abschreckung hingerichtet – der Historiker Josephus spricht von Hunderten, Frauen und Männern und Kindern. Das Lukasevangelium sucht nach Wegen, wie man nach der Katastrophe des Krieges leben konnte. Wie kann man sich aus dem Staub aufrichten, in den einen die Sieger gedrückt haben?

Habt Acht auf euch, damit eure Herzen nicht durch Trunkenheit und Rausch und Lebensangst beschwert werden ... Lk 21,34 BigS

Alkohol ist auf alle Fälle keine Lösung. Er benebelt das Herz – in der Bibel gilt das Herz als Ort des Verstandes. Auch Angst ist keine Lösung. Wer sich in Angst und Pessimismus flüchtet, verwirkt die Gegenwart. Es nützt eh alles nichts ... Lasst uns essen und trinken, denn morgen sind wir tot ... Dagegen ruft das Lukasevangelium: Habt Acht auf euch, dass ihr weder besoffen noch deprimiert in die Welt blickt. Bleibt realistisch und lasst euch nicht täuschen. – Ich denke, dies gilt auch für uns heute. Noch ist nichts verloren, noch können wir kämpfen, lassen wir uns nicht täuschen über den Zustand der Welt. Weder ist Hopfen und Malz verloren, noch kommt alles gut. Bleiben wir nüchtern und schauen nach dem aus, das wir dringend erwarten und brauchen.

Das Lukasevangelium setzt auf Wachsamkeit (Lk 21,36), was ähnlich klingt wie der Aufruf des Paulus, sich nicht täuschen zu lassen. Doch es erinnert daran, dass wir nach Zeichen Ausschau halten können, und dass wir die Macht haben, Zeichen zu deuten.

Es werden Zeichen erscheinen an Sonne, Mond und Sternen; auf der Erde wird Angst der Völker herrschen, da sie wegen des Tobens und der Unruhe des Meeres in auswegloser Lage sein werden. Lk 21,25 BigS

Wer genau hinsieht, wird Zeichen sehen. Unruhen und Ängste gelten nicht direkt als Hoffnungszeichen. Wir können sehen, lesen und interpretieren. Damit sind wir den Prozessen nicht mehr nur ausgeliefert. Wenn wir unsere Ängste kommunizieren, werden sie kleiner. Wenn wir Hoffnungszeichen mitteilen, wachsen sie, bilden sie Ableger. Hoffnungskeime in die Lücken säen, damit die Lücken unübersehbar werden, damit sie ins Auge springen und vor allem, damit sie nicht mehr zuwachsen! Lukas empfiehlt die Beobachtung aller Kräfte, auch die Ängste der Völker sind ihm ein Zeichen, dass etwas geschehen muss. Wut und Angst können zum Handeln führen und Energie freisetzen. Natürlich sind wir gegenüber diesen Emotionen skeptisch, ob sie zielführend sind. Aber nichts zu tun, abzuwarten und zu hoffen, ist definitiv nicht erfolgversprechend. Bleibt nüchtern und offenen Auges! Ignoriert die Ängste nicht, denn sie künden etwas an, da kommt etwas in Bewegung und ein Weitermachen wie bisher wird unmöglich. Die Mächtigen müssen über die Bücher. Ihre Beruhigungstaktiken funktionieren nicht mehr. Wenn ihr beginnt, alle Kräfte zwischen Himmel und Erde zu beobachten, dann werdet ihr den Sohn des Menschen auf einer Wolke kommen sehen (Lk 21,27). Wirklich? Hat das Lukasevangelium so gemeint? Oder erlaubt es, »Unmögliches« zu hoffen, weil Rettung auf ungewohnten Wegen kommen wird? Oder ist eben gerade in unruhevollen, von Leiden geprägten Zeiten die nüchterne Analyse von ProphetInnen von Nöten, die bereit sind, auf noch so unscheinbare Zeichen zu achten?

Die Verse Lk 21,7-24 sprechen von militärischen Bedrohungen, von Krieg, Hungersnot, Krankheiten und Verfolgungen. Die damaligen Lesenden erkannten die grässliche Gewalt, die ihre Zeit und ihr Leben prägte. Das genaue Hinsehen löste aber nicht Resignation, sondern eine Kraftwelle aus, denn es heißt:

Wenn dies beginnt: Richtet euch auf und erhebt euren Kopf! Denn eure Befreiung ist nahe. Lk 21,28 BigS

Kann denn der Mut, genau hinzusehen, etwas an den Tatsachen verändern? Vielleicht, sicher aber ändert sich der Blick, die Art des Blickes. Genau sehen hat mit Bodenhaftung zu tun, während ungefähres Sehen und Blinzeln einen nicht vor dem Stolpern bewahrt. Aber kann genaues Hinsehen nicht nur den Blick verändern, sondern Energie geben? So einfach kann man es sich doch nicht machen. Genaues Hinsehen half nicht, wenn man an den Straßenrand gedrängt wurde, weil hinter einem eine ganze Stadtbevölkerung auf der Flucht war und die enge, gepflasterte Straße mit Vieh und Wagen hinuntereilte. Und wenn man zwei oder drei kleine Kinder bei sich hatte, die viel zu langsam waren für diese Flucht, wenn man selbst schwanger und schwerfällig war und jeder Schritt einem weh tat – was sollten diese Frauen tun? Sich aufrichten und auf Befreiung hoffen, dürfte nicht geholfen haben. Ich bin froh, dass Lukas das weiß:

Den Schwangeren und Stillenden wird es schlecht ergehen in dieser Zeit!
Lk 21,23 BigS

Das Lukasevangelium macht wenig später noch ein weiteres Mal auf das schwere Los von Schwangeren und Müttern von Kleinkindern aufmerksam. Es preist in Lk 23,29 die Unfruchtbaren und die Körper derjenigen, die nicht geboren und nicht gestillt haben. Tania Oldenhage schreibt zu diesen erschütternden Sätzen: »Die Seligpreisung der Unfruchtbaren gehört zu den lukanischen Texten, in denen der Schrecken des jüdisch-römischen Kriegs mit Hilfe von Mutterbildern zur Sprache kommt.«[3]

3 Tania Oldenhage, Neutestamentliche Passionsgeschichten nach der Shoa. Exegese als Teil der Erinnerungskultur. Stuttgart 2014, 166.

Diese Verse helfen mir, kritisch gegenüber vorschnellen, theologisch-schönen Lösungen zu bleiben. Nüchtern analysieren, aufmerksam und kritisch lesen, Zeichen erkennen, die nach einem Ende der Gewalt rufen, das gehört alles dazu, um die Keime der Befreiung zu entdecken. Aber der Blick auf die Situation der schwangeren Frauen und Müttern von Kleinkindern verlangt nach Unterbrechung von Gewalt, jetzt.

3. Was heißt denn feministisch?

Die Offenbarung galt noch nie als feministisches Buch. Ich suche in diesem letzten Buch des Neuen Testaments nach Erfahrungen von den Schwächsten in einer Gesellschaft, somit auch von Frauen. Ich schaue nicht einfach, wie Frauen im Text vorkommen, sondern ich suche nach Zeugnissen von Widerstand und Erfahrungen von Frauen.

Wie sind Frauen als Bibellesende, resp. als Bibelwissenschaftlerinnen mit der Offenbarung umgegangen? Wonach haben sie in diesem Buch gesucht und was haben sie darin gefunden? Frauen waren sehr lange Zeit von den Bibelwissenschaften ausgeschlossen. Sie durften zuhören (vgl. die ZuschauerInnen auf den Rängen der römischen Arenen), aber nicht in den Hörsälen der Universitäten. Dann durften sie dort zuhören, aber keinen Abschluss machen. Dann durften sie einen Abschluss machen, aber den Pfarrberuf nicht ausüben. Schließlich durften sie auch dies[4], aber

4 Christine Lipp, Dr. Elisabeth Haseloff – Erste Pastorin »im Sinne des Gesetzes« der Evangelischen Kirche Deutschland. In: Frauen in der Lübecker Geschichte, hg. Frauenbüro

lehren durften sie nicht. Und dann durften sie lehren, aber nach der Geschichte und den Erfahrungen der Frauen zu forschen, galt als theologisch irrelevant.

Vor mehr als hundert Jahren fragte sich Elizabeth Cady Stanton, eine der beiden Herausgeberinnen der Woman's Bible, bei der Lektüre der Offenbarung: »Warum so viele verschiedene Komitees von Bischöfen und Klerikern dieses Buch als heilig und inspirierend angesehen haben, bleibt ein Geheimnis.«[5] Sie sah, dass es sich sehr auf Frauen, ihre spirituellen Kräfte, ihre Intuition und auf alles, was sie repräsentiert, bezog. Doch auf der Suche nach positiven Frauenbildern, um den negativen Interpretationen ihrer Zeit begegnen zu können, fanden die Herausgeberinnen der Woman's Bible in der Offenbarung kaum Spuren.

Viele Forscherinnen halten dieses Buch für misogyn oder zumindest für sehr patriarchal, was mich nachdenklich stimmt. Was heißt denn eigentlich feministisches Lesen und Interpretieren der Offb? Es kann doch nicht nur um die Frage nach positiven Frauenfiguren gehen. Natürlich wäre es sehr schön, wenn wir auch in der Offb eine vergessene Frau ausgraben könnten. Die Prophetin Isebel (Offb 2,20) wäre eine tolle Figur – wenn sie nicht so einseitig negativ dargestellt wäre. Johannes erwähnt Isebel in einem Brief an die Gemeinde in Thyatira.

der Stadt Lübeck, Lübeck 2005; Christina Caprez, Die illegale Pfarrerin. Das Leben von Greti Caprez-Roffler (1906-1994). Zürich 2019; Peter Aerne, Elise Pfister (1886-1944) – der Weg der ersten Schweizer Pfarrerin in der Evangelischen Landeskirche des Kantons Zürich, in: Zürcher Taschenbuch auf das Jahr 2003, Zürich 2002, 297-335.

5 Elizabeth Cady Stanton, The Woman's Bible. Seattle: Coalition Task Force on Women and Religion 1974, 176. Original publiziert 1895.

20 Aber ich habe gegen dich, dass du Isebel, eine Frau, gewähren lässt; sie gibt sich als Prophetin aus und lehrt meine Knechte und verführt sie, Unzucht zu treiben und Götzenopferfleisch zu essen. Ich habe ihr Zeit gelassen umzukehren; sie aber will nicht umkehren und von ihrer Unzucht ablassen. 22 Siehe, ich werfe sie auf das Krankenbett und alle, die mit ihr Ehebruch treiben, bringe ich in große Bedrängnis, wenn sie sich nicht abkehren vom Treiben dieser Frau. 23 Ihre Kinder werde ich töten, der Tod wird sie treffen und alle Gemeinden werden erkennen, dass ich es bin, der Herz und Nieren prüft, und ich werde jedem von euch vergelten gemäß seinen Taten. Offb 2,20-23 Einheitsübersetzung

Ja, hier lässt sich nichts Frauenfreundliches herauslesen. Isebel wird als gefährliche, problematische Figur dargestellt. Sie sei eine Rivalin von Johannes gewesen, meinen einige, darum habe er sie so verzerrt dargestellt. Feministisch lesen kann nicht heißen, Isebel gegen die Textintention als gut zu lesen. Damit würden wir die Wertung des Johannes einfach umkehren. Wir müssen einen anderen Zugang wählen. Weder dürfen wir die Textintention verkehren, noch sollten wir einer androzentrischen Perspektive folgen. Vielmehr gilt es, Isebel aus dieser Zwickmühle – Opfer oder Täterin – zu befreien. Nur dann repetieren wir nicht die androzentrischen Kategorien und können etwas von der Offenbarung des Johannes lernen.

Damit dies möglich wird, hilft es, den politischen Kontext miteinzubeziehen. Der Name »Isebel« spielt auf 1Kön 16,31 an, die Tochter des phönizischen Königs von Sidon, die später den judäischen König Ahab heiratete. Der Name »Isebel« führt uns also nach Phönizien, an den fruchtbaren und wirtschaftlich aufstrebenden Küstenstreifen am östlichen Mittelmeer. Wie war das

Verhältnis von Jerusalem zu Sidon zur Zeit der Offenbarung des Johannes? Wie hatte sich Sidon im großen jüdischen Aufstand gegen Rom positioniert? Mit diesen historischen und politischen Fragen übernehmen wir die Perspektive des Johannes auf Isebel nicht, wir prüfen sie, um etwas besser zu verstehen. Wir stehen dann aber auch weniger in Gefahr, seine Perspektive auf Isebel einfach umzukehren.

Sidon war eine große Stadt, mit einem ausgebauten Hafen, von dem aus das ganze Mittelmeer befahren wurde. Da Städte oft als Frauengestalten dargestellt wurden, resp. Frauengestalten die Bevölkerung repräsentierten, wäre eine Lektüre möglich, die nicht nach einer konkreten, individuellen Prophetin fragt, sondern nach der Bevölkerung und der Wirtschaftspolitik Sidons. Sidon war international ausgerichtet und handelte mit allem und allen und florierte zeitweise sehr. Vielleicht erkennen wir in dieser Politik eine Lebensweise, die auch heute problematisch ist – aber nicht als Lebensweise von Frauen, sondern einer Wirtschaftsmacht.

Eine andere wichtige Frage betrifft die androzentrische Sprache biblischer Texte. Wie können Frauen sichtbar gemacht werden, wenn ein Autor konsequent von »Brüdern« und »Knechten« spricht? Dieses Problem besteht tatsächlich in den meisten biblischen Schriften, nicht nur in der Offenbarung[6]. Die Bibel in gerechter Sprache, die 2006 herausgekommen ist, hat sich zum Ziel gesetzt, wo immer möglich und sinngemäß Frauen in der Übersetzung sichtbar zu machen. Das bedeutet, viel sorgfältiger zu übersetzen, immer historisch und sozialgeschichtlich zu prü-

6 Siehe Marie-Theres Wacker, »Methoden feministischer Exegese«, in: Luise Schottroff/ Silvia Schroer/dies., Feministische Exegese. Darmstadt 1996, 60-79.

fen, was ein griechischer Ausdruck bezeichnete. So unterscheidet sich z.B. der griechische Ausdruck für Bruder oder Schwester, *adelphos* oder *adelphe*, nur an der Endung. Etymologisch hat das Wort mit »Gebärmutter« zu tun (griech. *delphys*). Geschwister stammen von derselben Gebärmutter ab. Statt *adelphoi* nur mit »Brüder« wiederzugeben, können wir den Ausdruck auf Deutsch mit »Geschwister« übersetzen, womit Brüder und Schwestern gemeint sind. Während *adelphai* (fem.) ausschließlich Schwestern bezeichnet, haben wir mit *adelphoi* (mask.) immer die Wahl zwischen nur Brüdern (exklusiv) oder Geschwistern (inklusiv). Nicht immer, aber sehr oft ist eine Übersetzung mit »Geschwistern« adäquat.

4. Die »Hure« Babylon und Gewalt gegen Frauen

Feministische Forscherinnen haben in den Siebzigerjahren des zwanzigsten Jahrhunderts nach positiven biblischen Frauenbildern gesucht. Das letzte Buch des Neuen Testaments stand dabei lange Zeit nicht in ihrem Fokus. Es galt als extrem frauenfeindlich.[7] Tina Pippin hat schon früh darauf aufmerksam gemacht, dass Gewalt in der Offenbarung omnipräsent ist.[8] Dabei stellt die

7 So z.B. Keller, die die Offb ein »hochfrauenfeindliches Buch« nennt, in dem sie die »extremste aller patriarchalen dualistischen Gewalt in der Bibel« findet. Catherine Keller, Apocalypse Now and Then: A Feminist Guide to the End of the World, Boston 1996.

8 Tina Pippin, Death and Desire: The Rhetoric of Gender in the Apocalypse of John. Louisville, Kentucky 1992; Tina Pippin, Apocalyptic Bodies: The Biblical End of the World in Text and Image. London 1999.

Gewalt gegen Frauen eine große Herausforderung dar. Pippin ist schockiert »von der misogynen Stimme des Buches«, die Frauen marginalisiere und sie zu sexuellen Objekten stereotypisiere. Der Körper von Frauen werde bloßgestellt und gewaltsam zerstört, indem alles, was die männliche Hierarchie für unrein und gefährlich hält, aus der heiligen Gemeinschaft ausgeschlossen werde. Pippin sieht zwar, dass Gewalt und Rache in der Offenbarung aus der Erfahrung der Verfolgung der ChristInnen im römischen Reich herausgewachsen ist. Aber die Gewalt sei schlicht schockierend, Gewalt werde der Natur angetan, den Menschen und sogar den übernatürlichen Wesen. Der Zorn Gottes führe zu einem blutigen Krieg, zu Kannibalismus (die Könige essen das Fleisch »der Hure«, Offb 17,16) und Folter (der Feuersee, Offb 20,10). Die Phantasien der Gewalt seien endlos und grausam.

Komm, ich will dir zeigen das Gericht über die große Hure, die an vielen Wassern sitzt, 2 mit der die Könige auf Erden Hurerei getrieben haben; und die auf Erden wohnen, sind betrunken geworden von dem Wein ihrer Hurerei. 3 Und er brachte mich im Geist in die Wüste. Und ich sah eine Frau auf einem scharlachroten Tier sitzen, das war voll lästerlicher Namen und hatte sieben Häupter und zehn Hörner. 4 Und die Frau war bekleidet mit Purpur und Scharlach und geschmückt mit Gold und Edelsteinen und Perlen und hatte in ihrer Hand einen goldenen Becher, voll von Gräueln, und die Unreinheit ihrer Hurerei, 5 und auf ihrer Stirn war geschrieben ein Name, ein Geheimnis: Das Große Babylon, die Mutter der Hurer und aller Gräuel auf Erden. Offb 17,1-5 Luther

Die große »Hure« Babylon (Offb 17) hat Frauen viel Kopfzerbrechen verursacht. Die Verbindung von feministischer und postkolonialer Kritik hat sich dafür angeboten. Denn Städte weiblich zu beschreiben impliziert männliche Herrschaft oder Eroberung dieser Städte.[9] Die Rede von Stadt-Huren offenbart die doppelte Gefährdung von kolonisierten Frauen, die nicht nur von den fremden Männern überfallen, sondern auch von ihren eigenen Männern verachtet werden. Die traditionelle Bibelauslegung macht sich zur Komplizin solcher Rede, wenn sie die Metaphern bezüglich ihrer sexuellen Gewalt und kolonisatorischen Absicht nicht in Frage stellt.[10]

Auch wenn die Zusammenhänge von kolonisatorischer und sexueller Gewalt gegen Frauen benannt sind, ist die Macht der Bilder damit noch nicht gebrochen. Solange die politische und soziale Wirklichkeit frauenfeindlich bleibt, werden auch metaphorische Bilder immer wieder neu aufgeladen und verstärkt. Dies beklagt auch Miranda N. Pillay.[11] Südafrika feierte 2019 sein fünfundzwanzigjähriges Bestehen als Demokratie. Doch für die meisten Frauen habe sich die Notlage nicht verändert. Südafrika gilt noch immer als ein Ort, an dem sehr, sehr viele Frauen vergewaltigt werden. Sie sucht nach einer Lektüre von Offb 18, die

9 Jean K. Kim, ›Uncovering her Wickedness‹: An Inter(contextual) Reading of Revelation 17 from a Postcolonial Feminist Perspective. In: JSNT 73, 1999, 61-81. Siehe auch: Surekha Nelavala »›Babylon the Great Mother of Whores‹ (Rev 17:5): A postcolonial Feminist Perspective« In: The Expository Times, Vol. 121/2, 2009, 60-63. Caroline Vander Stichele »Just a Whore: The Annihilation of Babylon According to Revelation 17: 16« lectio difficilior 1/2000 http://www. lectio.unibe.ch/00_1/1-2000-j.pdf; Joan M. Sakalas »The Whore of Babylon Metaphor: Permission to erase Evil?« In: Journal of Religion and Abuse, 2003/5, 3-14.

10 Marion Carson, The Harlot, the Beast and the Sex Trafficker: Reflections on some Recent Feminist Interpretations of Revelation 17-18. In: The Expository Times Vol. 122/5, 2011, 218-227.

11 Miranda N. Pillay, Reading Revelation 18: A South-African Theo-Ethical Feminist Perspective in a Context of Violence against Women. In: Neotestamentica, Vol. 53, No. 2/2019, 421-436.

den Frauen in Südafrika die Kraft geben könnte, misogyne und kolonisatorische Blicke auf sie abzuschütteln.

In 17,1-19,4 porträtiert Johannes eine große Stadt als *porne*. Dieser griechische Ausdruck sollte nicht mit »Hure« wiedergegeben werden. »Hure« haftet ein moralisches Urteil an. Es ist eine Beschimpfung von Frauen, die sich unmoralisch benehmen, resp. denen dies vorgeworfen wird unabhängig davon, wie sie sich selbst verstehen. Bereits mit der Übersetzung müssen wir uns also Rechenschaft darüber ablegen, ob wir Babylon als unmoralisch verurteilen oder sie als Prostituierte bezeichnen wollen. Prostitution zeichnet sich dadurch aus, dass Sex verkauft wird, resp. dass für sexuelle Dienste bezahlt wird. Auffallend ist, dass die Freier Babylon keinen Lohn bezahlen. Sie wird unbezahlt benutzt, d.h. sie leistet Sklavinnendienste für ihre Herren. Die Könige, Kaufleute und Seeleute (18,3.9.11.15.19) beuten Babylon aus, indem sie sie benutzen, ihre Schätze mitnehmen. Am Ende wird sie wie ein Mühlstein ins Meer geworfen (18,21).

Babylon erscheint als eine Sklavin, die benutzen kann, wer will, die bluttrunken machen soll, die für alles Böse verantwortlich gemacht wird, die weggeworfen werden kann, wenn sie ihre Funktion erfüllt hat. Sie sitzt an »Wassern« (17,1.15). Vielleicht können wir hier auch eine realistische Schilderung der Orte erkennen, an denen Freier Kontakt zu Prostituierten aufnahmen. Für Korinth ist es z.B. belegt, dass Sklavinnen in Bädern arbeiteten und dort, neben Handtuch und Seifenartikeln, den Gästen sexuelle Dienste anboten. An die Bäder waren oft Gaststätten angebaut, in denen Freier gern verkehrten. Sowohl die Rede vom Rausch wie auch von den Wassern erinnert hier an die Arbeitssituation der korinthischen Sklavinnen. Gleichzeitig klingt mit den »Wassern« auch der Standort von Hafenstädten an, die an großen Flüssen und am Mittelmeer lagen. Hafenstädte trieben Handel mit allen, nutzen ihre Lage, wurden aber auch benutzt und waren begehrte Beuteobjekte.

Aber wie können wir jetzt das Gericht über Babylon hören? Ein Engel ruft seine Botschaft in die Welt hinaus:

Und er rief mit mächtiger Stimme: Sie ist gefallen, sie ist gefallen, Babylon, die Große, und ist eine Behausung der Dämonen geworden und ein Gefängnis aller unreinen Geister und ein Gefängnis aller unreinen Vögel und ein Gefängnis aller unreinen und verhassten Tiere. 3 Denn von dem Zorneswein ihrer Hurerei haben alle Völker getrunken, und die Könige auf Erden haben mit ihr Hurerei getrieben, und die Kaufleute auf Erden sind reich geworden von ihrer großen Üppigkeit. Offb 18,2-3 Luther

Die Botschaft ist deutlich: Es ist vorbei mit Babylon, die Stadt wurde erobert. Die Stadt wurde verwüstet und als Ruinenstadt wurde sie ein Ort, an dem Dämonen hausen und unreine Geister, Vögel und Tiere gefangen sind. Es ist um sie geschehen. Auf diese Weise werden auch im Alten Testament immer wieder Städte beschrieben, die erobert wurden. Was hier aber speziell ist: Die Völker und die Könige werden denunziert. Sie haben mit der Stadt grenzenlosen Handel getrieben, sich geholt, was sie begehrten und sich bereichert an den Ressourcen und Schätzen Babylons.

Die Freier tun mit dieser Frau, dieser Stadt, was ihnen beliebt. Sie respektieren sie nicht als Partnerin, weder als Ehefrau noch als Geschäftspartnerin. Darum ist es spannend, die Rolle der Freier in der Offb genau wahrzunehmen. Diejenigen, die Babylon ausbeuten, machen die Stadt zur *porne* und lassen sie wie ein Stück Kohle fallen, um sich die Finger nicht daran zu verbrennen. Sobald sie es mit der Angst zu tun bekommen, wenden sie sich gegen die *porne,* verlassen und hassen sie, ja fressen sogar ihr Fleisch auf (Offb 17,16)!

Die Kritik des Sehers richtet sich eindeutig gegen diejenigen, die mit der der Stadtfrau Umgang haben (17,3). Um bei der Metapher von der »Hure«, resp. Prostituierten Babylon zu bleiben, können wir sagen: Johannes kritisiert das Freierverhalten der Profiteure und demaskiert es. Es erscheint unsinnig, über die große »Hure« zu lamentieren und die »Freier« dabei zu vergessen. Doch um ihr Verhalten in den Blick zu bekommen, müssen wir die Perspektive wechseln.

Für Frauen wie für kolonialisierte Städte/Bevölkerungen sehe ich einen spannenden Ansatz darin, die Situation der ausgebeuteten *porne* herauszuarbeiten.

4 *Und ich hörte eine andre Stimme vom Himmel, die sprach: Geht hinaus aus ihr, mein Volk, dass ihr nicht teilhabt an ihren Sünden, und hinaus aus ihren Plagen, damit ihr sie nicht empfangt!* Offb 18,4 Luther

Johannes rät seinen Leuten, aus dieser Stadt auszuziehen (18,4). Hört auf, geht weg, zieht aus – lasst Babylon Babylon sein und macht nicht mehr mit. Hört auf, euch wie Freier zu benehmen! Ihr könnt nicht alle und alles kaufen, brauchen, benutzen, ohne Wissen und Gewissen! Verlasst doch die Orte, die euch in falscher Sicherheit wiegen und sucht nach anderen Orten, wo ihr wirklich gestärkt werdet!

5. Unterbrechung der Gewalt: Offb 6

Was können wir von Johannes bezüglich Gewalt lernen? Pippin machte mit Recht auf die gewaltreiche Bilderwelt und Sprache der Offb aufmerksam. Ein unreflektiertes Übernehmen dieser Gewalt – auch wenn sie nur in Sprachbildern besteht – kann verheerend sein. Statt die Offenbarung als Buch der Gewalt abzulehnen, frage ich danach, *wie* von Gewalt geredet wird. Wenn wir die Offenbarung in den Rastern schwarz/weiß, gut/böse wahrnehmen, haben wir schon zu viel Gewalt internalisiert. Denn solche Raster sind grob, pauschalisierend, verzerrend und tun der Welt (und eben auch dem Text) Gewalt an.

Ich möchte daher ein anderes Vorgehen vorschlagen: Überwinden wir die Scheu vor den Bildern und schauen wir ganz genau hin. Es gibt einen Unterschied zwischen der Darstellung von Gewalt z.B. in Unterhaltungsfilmen, in sensationshungrigen Medien einerseits und in den Beschreibungen des Johannes. So verschont uns zum Beispiel die Bildrede vom Feuersee (Offb 20,10) mit realistischen Details. Um sie vor unserem inneren Auge zu sehen, müssen wir erst unsere Vorstellungskraft aktivieren. Viele Filme und manchmal auch die Bilder der Tagesschau drängen uns aber ihre Details auf. Zudem gibt es in der Offenbarung Blicke auf Gewalt, die Zusammenhänge erhellen und gleichzeitig Befreiungsstrategien erkennen lassen. Ihr Interesse ist es aufzudecken, uns etwas zu zeigen. Wenn wir auf die ganz feinen Unterschiede im Text achten, lernen wir nuanciert sehen, anders wahrnehmen. Dadurch werden wir mit unseren vorurteilsbeladenen Brillen konfrontiert. Darum schlage ich vor, innerhalb der gewalttätigen Welt nach Strategien der Unterbrechung von Gewalt Ausschau zu halten.

Die Vision der vier Pferde mit ihren Reitern – die sog. »vier apokalyptischen Reiter« – enthält einige Drehpunkte und Nuancen, die wir genauer betrachten sollten. Es ist eine schreckliche Vision. Die vier Reiter wurden in der Kunst immer wieder in allen Farben gemalt und die Auslegungsliteratur rätselt bis heute, was jeder Reiter symbolisieren könnte. Ich finde dieses Rätseln oder »Wissen« um die wahre Bedeutung nicht weiterführend. Schauen wir lieber genau hin, was Johannes hier schildert. Als erste Beobachtung fällt mir auf, dass das Wort »Reiter« gar nicht vorkommt. Im Text findet sich stattdessen der Ausdruck »der darauf saß«. Schon diese Beobachtung löst Fragen aus: Wird die Bezeichnung »Reiter« hier absichtlich vermieden, weil sie vielleicht zu politisch und daher zu gefährlich klingen würde? Evozierte der Ausdruck eine bestimmte Personengruppen, wohingegen die Offenbarung aber nicht diese Gruppe im Auge hatte, sondern alle, die sich für mächtig hielten? Wie klingt dieser Ausdruck heute? Oder anders gefragt: Wem sitzen wir auf? Wovon lassen wir uns fortreißen? Wer meint heute, fest im Sattel zu sitzen?

Und ich schaute auf, und siehe, ein helles Pferd. Und darauf saß einer, der hatte einen Bogen; und es wurde ihm ein Kranz gegeben, und er zog aus als Sieger und um zu siegen. (...)

Und ein andres Pferd kam hervor, ein feuerrotes, und darauf saß einer, dem wurde gegeben, den Frieden von der Erde wegzunehmen, so dass sie einander hinschlachteten; und er erhielt ein großes Schwert. (...).

Und ich schaute auf, und siehe, ein schwarzes Pferd, und der darauf saß, hatte eine Waage in seiner Hand. Und ich hörte, wie eine Stimme sprach: ›Zwei Pfund Weizen für einen Denar und sechs Pfund Gerste für einen Denar! Und dem Öl und dem Wein füge keinen Schaden zu!‹ (...) Und ich

schaute auf, und siehe, ein fahles Pferd, und darauf saß einer, dessen Name ist ›der Tod‹; und der Herrscher des Totenreiches folgte ihm nach. Und es wurde ihnen Macht gegeben über den vierten Teil der Erde, zu töten mit dem Schwert und mit Hunger und mit Pest und durch wilde Tiere der Erde ...
Offb 6,2-8 LSR

Johannes sieht vier Pferde und die darauf reiten. Sie bringen Krieg mit sich, Hunger, Profitgier und Seuchen. Nun sollte man dies nicht als Aussage lesen, dass Gott dies so haben will. Gott kommt in dieser Vision nicht vor. Ich bezweifle, dass Gott hinter diesen todbringenden Mächten steckt. Wenn wir dies nicht bezweifeln, sondern es für möglich halten, dass Gott diese Mächte ausstaffiert und losschickt, dann haben wir wahrlich ein erschreckendes Gottesbild, das keinen Unterschied zwischen einem Unrechtsherrscher und dem Gott der Bibel macht.

Die Vision des Sehers beschreibt, was Johannes wahrnahm, was er vor sich sah, was ihm beinah den Atem raubte. Er sah schreckliche Gewalt auf der Erde wüten. Er sah, dass immer neue Schrecken auftauchen. Er sah, dass eine Reihe von Gewalttaten die Gegenwart bestimmte. Was er uns hier in wenigen Worten schildert, ist eine apokalyptische, entlarvende Zeitbestimmung. Das Leben unter dem römischen Kaiser Domitian glich einem Schrecken ohne Ende. Es gelang Johannes, in diesen sich bewegenden Bildern ein Grauen einzufangen, das die Menschen seiner Zeit gepackt hielt. Er gab diesem Grauen deutliche Farben, Dynamik, Rhythmus. Johannes sah, was andere auch spürten und worunter sie litten. Der Schrecken der Menschen in Kleinasien, am Rande des römischen Imperiums, nach dem jüdisch-römischen Krieg und der katastrophalen Niederlage des jüdischen Widerstandes wird hier in Form von Schreckenspferden »besprochen«.

Das Besprechen des Schreckens gleicht einem poetischen Drama. Sorgfältig wiederholt Johannes Elemente und baut vor unseren Augen eine Reihe auf. Immer wieder leitet er sie ein mit »und sieh!«. Dann folgt ein Pferd, samt Farbe und Reiter, sowie die Funktion des Reiters und was er ausrichtet. Dadurch schafft Johannes Struktur im Chaos. Er analysiert nicht wissenschaftlich oder ökonomisch, sondern poetisch: Er hilft uns durch diese Sprachreihen eine Ordnung zu entdecken, eine unerträgliche allerdings. Denn hört diese Reiterei nie auf? Folgt auf ein Unrecht immer ein neues? Geht das immer weiter?

Die Reitenden haben weder einen Namen noch ein Gesicht. Sie sitzen fest im Sattel, sie sitzen und lassen sich tragen. Anstrengen müssen sie sich nicht. Wer sie sind, spielt eigentlich keine Rolle. Allein dass sie auf dem Pferd sitzen, scheint zu genügen. Insgesamt tauchen vier Pferde hinter einander auf. Vier ist in der alten Zahlenlehre die Zahl der Totalität, der vier Himmelsrichtungen, der vier Elemente, der vier Temperamente, der vier Dimensionen. Die Vier umschließt alles, was möglich ist. Vier Tod bringende Mächte erleiden zu müssen, ist eine totale Gewalterfahrung, die alle Dimensionen umfasst. Mehr Gewalt ist eigentlich gar nicht mehr möglich. Es kann nicht schlimmer kommen. Es ist genug jetzt, es ist zu viel, es reicht.

Wie kann diese totale Gewaltreihe unterbrochen werden? Johannes baut die Reihe so auf, dass jeder Reiter den vorhergehenden überbietet. Er schafft damit eine Spannung, die in 6,9 dadurch verschärft wird, dass die Ermordeten in den Blick kommen.

9 … sah ich unter dem Altar die Seelen aller, die hingeschlachtet worden waren wegen des Wortes Gottes und wegen des Zeugnisses, das sie abgelegt hatten. 10 Sie riefen mit lauter Stimme und sagten: Wie lange zögerst du noch, Herr, du Heiliger und Wahrhaftiger, Gericht zu halten und unser Blut an den Bewohnern der Erde zu rächen? Offb 6,9-10 Einheitsübersetzung

Die Ermordeten liegen unter dem Altartisch. Sind sie »vom Tisch« gefegt? Das ist ein krasses Bild für Eliminierung der Andersdenkenden, Anderslebender – denn das waren die ja, die an einer Überzeugung festhielten (Offb 6,9). Wo ist denn Gott? Greift er nicht ein? Gibt es keine Hilfe? Bisher war der Blick auf die Täter fixiert, die eine unheilige Ordnung schafften, eine Mordsordnung. Indem die Ermordeten in den Blick kommen, beginnt die Reihe auseinanderzubrechen. Nun blicken wir nicht länger atemlos und fasziniert auf die Reiterreihe. Wir nehmen diejenigen wahr, die von der Bildfläche verschwunden sind. Sie sind unter dem Altartisch und damit in Gottes Nähe. Wir sehen sie nicht nur, wir hören sie schreien (Offb 6,10). Während der vorangehenden dramatischen Gewaltinszenierung ist in mir eine Unruhe angewachsen. Sie wird von den Ermordeten aufgenommen. Auch sie scheinen ungeduldig zu sein, sie wollen nicht mehr warten. Deshalb schreien sie zu Gott – und zwar so laut, dass auch Johannes sie hören konnte.

Daraufhin wird ein Erdbeben geschildert (Offb 6,12). Dies können wir auf zwei grundsätzlich verschiedene Arten lesen: Entweder wir lesen die Schilderung des Erdbeben einfach so, dass alles noch schlimmer wird. Johannes beschreibt dann eine endlose Gewaltspirale, die mit den Reitern und ihren Plagen beginnt, dann kommt er zu den Ermordeten unter dem Tisch, die schreien, und schließlich zur Erde, die verrückt spielt. Diese Lesart macht Angst und erzeugt Ohnmachtsgefühle. Ich halte sie darum für unterdrückend. Sie ist nicht geeignet, Gottes befreiende Kraft auszudrücken. Wenn Johannes nur auf diese Art zu lesen ist, dann können wir nicht nur nichts von ihm lernen, sondern er schadet uns, weil er uns Hoffnung auf Veränderung und Erleichterung nimmt.

Oder wir lesen die Schilderung des Erdbebens im Kontext des Schreiens. Die Erde hat das Schreien auch gehört. Sie reagiert mit Rumoren, Grollen, Dröhnen und Beben. Tektonische Spannungen, die sich während langer Zeit aufgestaut haben, werden in einem Erdbeben entladen. Damit wird die Spannung, die durch die Gewaltreihe erzeugt wurde, nicht weiter fortgesetzt. Die Erde stabilisiert nicht das System der Gewalt, sie erträgt es nicht länger, sondern wirkt dieser Ordnung entgegen. Ein Erdbeben bringt ein Durcheinander und schafft eine neue Ausgangslage. Die Erde und ihre Geschwister, Sonne, Mond und Sterne, erscheinen in dieser Perspektive als Verbündete der Ermordeten.

Die Pferde rasen über die Erde, eines nach dem anderen. Es ist beinahe unerträglich, diese Reihe zu lesen. Ist denn niemand da, der/die Widerstand leistet? Doch. Johannes lehrt, genau hinzusehen und hinzuhören: Er weiß von Protest, von einem Rumoren, das hoffen lässt auf ein Ende der Gewalt.

12 … Da entstand ein gewaltiges Beben. Die Sonne wurde schwarz wie ein Trauergewand und der ganze Mond wurde wie Blut. 13 Die Sterne des Himmels fielen herab auf die Erde … 14 Der Himmel verschwand wie eine Buchrolle, die man zusammenrollt, und alle Berge und Inseln wurden von ihrer Stelle weggerückt. 15 Und die Könige der Erde, die Großen und die Heerführer, die Reichen und die Mächtigen, alle Sklaven und alle Freien verbargen sich in den Höhlen und Felsen der Berge. 16 Sie sagten zu den Bergen und Felsen: Fallt auf uns und verbergt uns vor dem Blick dessen, der auf dem Thron sitzt, und vor dem Zorn des Lammes; 17 denn der große Tag ihres Zorns ist gekommen. Wer kann da bestehen? Offb 6,12-17 Einheitsübersetzung

Die Pferde sind verschwunden. Die Gewalt ist unterbrochen! Nun verbergen sich die Mächtigen, sie können die Reiter nicht mehr mit Aufträgen und Macht ausstaffieren und losschicken! Ist das nicht ein witziges Bild, dass die Mächtigen sich verkriechen und die Berge um Schutz anflehen? Sie, die immer aufgerüstet haben, die auf Profit und Waffen bauten, rufen die Mutter Erde an. Ist das nicht eine Konversion ohne gleichen? In meiner befreiungstheologischen Lektüre werden die Ermordeten nicht nur als Opfer, sondern auch als ZeugInnen und MitarbeiterInnen Gottes wahrgenommen. Ihr Schreien und ihre Ungeduld ist Widerstand. Die Erde und Gestirne bleiben nicht länger Schauplatz der Gewalt, sondern werden zu Mitwirkenden im Befreiungsgeschehen.

Werfen wir noch einen Blick auf diese Machtpyramide, die in Offb 6,15 genannt wird. Diese Reihe umfasst nicht einfach »Menschen« oder gar »alle Menschen«. Es werden Funktionen innerhalb eines Machtgefüges genannt: die Könige der Erde, die Größten, die Kriegsobersten, die Reichen, die Mächtigen, samt ihren SklavInnen und Freigelassenen. So steht hier nichts von Frauen und Männern, Kindern, Alten, Armen, Kranken, Händlerinnen oder Harfenspielern. Die Reihe ist sozusagen unpersönlich und beschreibt in wenigen Strichen die Hierarchie der Macht. SklavInnen und Freigelassene bilden das Machtpotential der Mächtigen (z.B.

als Heer, als ausführende Beamte, als Abhängige und Untertanen). Die Macht der »Mächtigen« besteht darin, dass SklavInnen und Freigelassene ihnen dienen müssen. Doch diese Machtpyramide kommt hier ins Wanken, ein Schrecken erschüttert sie von unten bis oben.

Dies meine ich, wenn ich vom genauen Hinsehen spreche. Nur wenn wir die Bilder von nah und von fern betrachten, wenn wir ihre Wucht wahrnehmen und reflektieren, was es denn ist, das diese Wucht auslöst, weichen wir ihnen nicht aus. Die Visionen der Offenbarung faszinieren mich, weil sie Zusammenhänge beschreiben und aufdecken können, gleichzeitig aber auch auf völlig Unerwartetes aufmerksam machen. Johannes sieht Zeichen wie Engel und Drachen, Tiere und Gestalten aller Art, die verwirren und erschrecken. Kein Wunder, reiben wir uns die Augen und möchten lieber etwas anderes sehen! Auch Johannes scheint es ja so zu gehen, denn er muss immer wieder aufgefordert werden »sieh hin!«. Auch er scheint wegzusehen oder die Augen gar nicht mehr öffnen zu wollen. Doch er wird dazu aufgefordert, die Stimmen lassen ihm keine Ruhe, er muss hinsehen und sagen, was er sieht. Ich bin froh, dass auch er gern wegsehen möchte. Und ich versuche, an seiner Seite zu stehen oder hinter ihm, um ihn zu unterstützen. Ich merke: Er behält immer diejenigen im Blick, die zu den Schwächsten gehören. Er hört auf die leisen Stimmen, nur darum kann er das Schreien der Toten vernehmen. Sie zu hören, verändert alles.

6. Widerstand von Frauen

Johannes sieht in Offb 12,1-6 eine Vision, die von einer Gebärerin handelt. Diese Verse sind die numerische Mitte der Offenbarung. Sie bilden sozusagen ihr Herzstück. Genau hier steht eine gebärende Frau. Die Schwangere wird auf Leben und Tod bedroht. Was bedroht sie? Wird ihr geholfen oder wird sie allein gelassen? Wir können diese Vision mit derjenigen des Lukasevangeliums durchaus ins Gespräch bringen. Es rät den bedrängten Menschen zu fliehen, wenn Kriegsheere heranziehen. Alle sollen von Jerusalem fort, so schnell sie können (Lk 21,21). Inmitten dieser Schilderung erinnert das Lukasevangelium an das traurige Los der Schwangeren und Stillenden, die zu langsam sein werden, um zu fliehen (Lk 21,23). Und was tut die Offenbarung?

Und ein großes Zeichen erschien am Himmel: Eine Frau, von der Sonne umhüllt, und der Mond unterhalb ihrer Füße, und über ihrem Kopf eine Krone aus zwölf Sternen. Und sie war schwanger, und sie schrie laut in den Wehen, gequält zu gebären. Und ein anderes Zeichen erschien am Himmel: Und siehe, ein großer Drache, feuerfarben, siebenköpfig und zehnhornig, und auf seinen Köpfen königliche Gebinde. Und sein Schwanz schleifte das Drittel der Sterne des Himmels mit sich und wirft sie plötzlich auf die Erde. Und der Drache stellt sich vor der Frau auf, die gebären will, damit, wenn sie geboren habe, er ihr Kind verschlinge. Und sie gebar einen männlichen Sohn, der weiden wird alle Völker mit ehernem Stab, und ihr Kind wurde hinweggerissen zu Gott und seinem Thron. Und die Frau floh in die Wüste, wo sie einen Ort hat, von Gott bereitet, damit sie sie ernähren 1260 Tage lang. Offb 12,1-6 LSR

Sowohl Lukas wie auch Johannes raten zur Flucht. Lukas klagt über das traurige Los der Schwangeren, die nicht mehr fliehen können und darum zur Beute werden. Johannes zeichnet ein ähnliches Bild, insofern die hochschwangere Frau die Flucht erst nach der Geburt antreten kann. Ihre Schwangerschaft macht die Frau außerordentlich verletzlich. Doch während Lukas keine weitere Perspektive für Schwangere und Stillende eröffnet und bei der Klage bleibt, skizziert Johannes einen Fluchtweg in die Wüste.

Viele Ausleger haben diese Frau als Metapher für das wahre Israel verstanden, für die christliche Gemeinde, die sich gegen Anfechtungen behaupten müsse. Diese Deutung ist sehr problematisch. Sie interpretiert die realen Frauenerfahrungen weg. Ihre Gebärarbeit und ihre dramatische Passionsgeschichte wird dann in Luft aufgelöst, noch bevor wir sie recht wahrgenommen haben. Das Unsichtbarmachen von Frauen und ihrer Arbeit ist eine fundamentale Strategie im Patriarchat. Zusätzlich wird die Frau in abstrakte, dogmatische Höhen gerückt. Doch in 12,6 kommt diese Frau auf die Erde, sie verbleibt gerade nicht im Himmel oben. Diese Inkarnation einer himmlischen Figur, dieses Auf-die-Welt-kommen einer Frau ist enorm spannend. Die himmlische Frau findet Unterstützung auf der Erde, an einem Ort, den Gott für sie bereitet hat. An diesem Ort findet sie eine Gruppe, die sie ernährt. Es ist also eine vollständige Inkarnation, eine Menschwerdung, weil eine menschliche Frau ja Nahrung braucht und bekommt.

Es gibt unzählige Bilder und Statuen in der christlichen Kunst von der Himmelskönigin, die auf dem Mond steht, umstrahlt von den Gestirnen, und ihr Kindlein in den Armen hält. Aber das sind keine Illustrationen der Gebärerin aus der Offb. Sie haben nur Ähnlichkeiten, was ihre mythischen Embleme anbelangt. Selten bin ich einem Bild begegnet, das diese Frau in ihrer Gebärarbeit und ihrer Bedrohung gezeigt hat. Johannes spricht weder von einer Mutter, die ihr Kind auf dem Arm hält noch von einer schlanken Schönheit, die auf dem Mond stehen würde. Der Text erzählt von Fruchtbarkeit, Bedrohung, Kampf und dem Verlust des Kindes. Mit Schrecken entdeckte ich die Gewalterfahrungen, die Johannes mit dieser Geburt transportiert. Das griechische Partizip *basanizomene* (12,2) bezeichnet nicht die Qual der Wehen einer spontanen Geburt. Hier übersetze ich den griechischen Text anders, als er z.B. in der Einheitsübersetzung 2016 oder der neuen Lutherübersetzung wiedergegeben wird:

Und sie war schwanger und schrie in Kindsnöten und hatte große Qual bei der Geburt. Luther
Sie war schwanger und schrie vor Schmerz in ihren Geburtswehen. Einheitsübersetzung

Basanizomene bezieht sich nicht auf die Geburt, sondern auf die Folterqual, die die Frau zu erleiden hat. Die Schwangere wird gequält, auf dass sie gebäre. Wer sie quält, wird deutlich gesagt: Der Drache ist es, denn er will das Kind fressen. »Die Qual der Wehen« dürfte nicht das Problem gewesen sein verglichen mit der Tatsache, dass ein siebenköpfiges Monster das Kind fressen will! Die Frau schreit, nicht weil ihre »Natur« ihr dermaßen zu schaffen macht, sondern weil sie gefoltert wird. Der Drache repräsentiert nicht die »Natur«, sondern ein Machtsystem voller Gewalt.

Die Frau verliert ihr Neugeborenes (12,5). Sie muss ohne ihr Kind fliehen und verliert ihren himmlischen Ort, sowie auch ihre lichten Attribute. Aber – im Himmel oben war sie mutterseelenallein gewesen. Weder Gott noch Engel hatten ihr geholfen. Sollen wir uns darüber ärgern? Dass Gott nur ihren Sohn zu sich genommen hat, die Frau aber in die Wüste schickt? Gibt es keinen helfenden Gott für diese Frau? Auch hier können wir unterschiedlich lesen. Siedeln wir Gott nur im Himmel an, dann wird die bedrohte Frau von Gott allein gelassen. Doch Gott hat der Frau einen Ort auf der Erde vorbereitet. Die Erde ist die engste Verbündete Gottes und sie nimmt die Frau auf. Der Himmel aber erscheint als Ort des Kampfes. Er bietet keine Sicherheit, keinen festen Grund. Also: Gott ist nicht da, wo wir ihn vermuten würden (eben im Himmel). Gott hat mit der Erde zu tun, mit »Heimat«, mit einem Ort, den Vertriebene brauchen.

... Damit sie sie dort ernähren ... Offb 12,6 LSR

Das ist eigentlich eine sehr diesseitige Theologie, die wir hier finden. Die Kraft Gottes wird dort spürbar, wo die Frau gestärkt wird. Zudem ist auch von einer Menschengruppe die Rede, die aber ganz im Versteckten lebt! Wer ist dieses »sie« (3. Person Plural)? Wer lebt da so verborgen wie möglich, dass auch wir sie fast überlesen hätten?

In den ältesten apokryphen Apostelgeschichten[12] sind Hinweise zu finden auf solche Gruppen von Menschen, die am Rand der da-

12 Siehe: Akten des Andreas, Akten des Thomas, Akten des Petrus, Akten der Thekla und des Paulus, Akten des Johannes. Luzia Sutter Rehmann, Sexuelle Differenzen. Geschichten des Missbrauchs in den Apokryphen Apostelakten – Grundzüge einer Hermeneutik des Konflikts. In: lectio difficilior (Europäische elektronische Zeitschrift für Feministische Exegese), Ausgabe 2/2000, (online auf lectio.unibe.ch); Beate Wehn, »Vergewaltige nicht die Sklavin Gottes!« Gewalterfahrungen und Widerstand von Frauen in den frühchristlichen Thekla-Akten. Königsstein/Taunus 2006.

maligen Gesellschaft lebten und bedrohte Frauen aufgenommen haben. Wir finden in diesen Apostelgeschichten Berichte über Frauen, die durch ihre Konversion zu den christlichen Gemeinschaften in schlimme Nöte gerieten. Diese entstanden vor allem dadurch, dass ihre Ehemänner oder Verlobten und ihre Familie ihren Entscheid, sich der christlichen Gemeinschaft anzuschließen, nicht akzeptierten. Die Frauen wollten ihren Visionen gemäß leben, was mit ihren Ehen nicht vereinbar war. In den Apostelakten setzten sich die Frauen aber meist erfolgreich durch und zogen auf der Suche nach neuem Lebenssinn und -raum aus, lösten sich aus Verlobungen, Ehen und Konkubinatverhältnissen und wurden Jüngerinnen, Schülerinnen und Lehrerinnen.

Haben wir auch in Offb 12 eine ausziehende Frau vor uns? Eine Frau, die aus dem Himmel flieht, alle ihre Insignien zurücklässt, weil sie die Sinnlosigkeit erkennt, im Angesicht eines Drachen neues Leben hervorbringen zu wollen? Der Widerstand von Frauen gegen den Drachen bestand vielleicht im Auszug aus der Reproduktionsrolle. Dass dies tatsächlich von vielen Frauen im zweiten Jahrhundert praktiziert wurde, ersehen wir an den Erzählungen der apokryphen Apostelgeschichte. Es gibt keinen Grund, in der Wüstengemeinschaft von V.6 nicht eine christliche Gemeinschaft zu sehen.

Johannes macht uns mit der Vision der hochschwangeren Frau, die durch einen Drachen gequält wird, auf frauenspezifische Bedrohungen aufmerksam. Statt diese Frau in eine allegorische Deutung (Frau = die Kirche, Maria, Jerusalem oder das wahre Gottesvolk) aufzulösen, fragen wir besser nach der Situation von Frauen in harten Zeiten. Frauen waren der Gewalt immer auch ausgesetzt, auch sie wurden in den römischen Arenen hingerichtet und darbten in Gefängnissen. Sie gehörten zur schwer getroffenen Zivilbevölkerung im großen jüdisch-römischen Krieg, dessen Folgen im Lukasevangelium zur Sprache kommen. In der Vision der Gebärenden in Offb 12,1-6 finden wir wiederum Erfahrungen von Frauen mit Gewalt. Die Vision von der Wüstengemeinschaft deutet einen Ausweg an. In dem »sie« von V. 6 verbergen sich Menschen, die bereit sind, die Frau zu schützen. Sie bilden den Ort, der von Gott bereitet ist. Das wäre der Auftrag für die Kirchen bis heute, für Gemeinden und Städte, für Länder: Orte zu werden, die Fliehende aufnehmen, Frauen schützen und mit dem ernähren, was sie zum Leben brauchen.

Meine Lektüre hat von den farbenprächtigen, aber Tod bringenden Mächten weggeführt zu den leisen Stimmen, die an der Unterbrechung der Gewalt arbeiten. Auch Offb 12,1-6 führt weg aus dem Sternen geschmückten Himmel und dem imposanten Drachen, der Ausleger fasziniert, zu einer kaum sichtbaren Wüstengemeinschaft. »Zieht aus, aus Babylon!« (Offb 18,4) gehört für mich zu dieser Abkehr dazu. Die Gewalt kann unterbrochen werden, ob sie beendet wird, ist damit nicht gesagt. Ich merke, wie wichtig es ist, immer wieder von Neuem hinzusehen, hinzuhören und sich nicht einschüchtern oder entmutigen zu lassen.

7. Konklusionen: Es gibt einen anderen Ort

Um ausziehen zu können, brauchen wir die Vision eines anderen Ortes. Johannes erzählt von anderen Orten, von noch nicht gelebten Möglichkeiten, von Drehungen des Kopfes und Perspektivenveränderungen noch und noch. Ständig wendet er sich um, blickt hinter sich (1,12), schaut in die Tiefe (13,1.11) oder hinauf in den Himmel (14,1.6; 15,1). Dabei geht ihm immer wieder etwas Neues auf – Türen, Bücher oder die Tiefen der Erde und des Himmels öffnen sich und gehen nicht mehr zu (Offb 3,8; 3,20; 4,1; 5,2; 5,9; 6,1; 10,2;10,8; 15,5; 19,11).

Eigentlich ist das das Gegenteil von Weltuntergang. Endzeitstimmung entsteht ja, wenn wir Türen zuschlagen hören, bis wir mit unseren Ängsten eingesperrt sind und uns sämtlicher Mut verlässt. Das apokalyptische Sehen nimmt seinen Ausgangspunkt in diesen Ängsten, gibt ihnen Bilder und Namen, und beginnt damit zu arbeiten. Johannes führt seine AdressatInnen damit auf einen Weg, an einen anderen Ort. Sowohl mit dem Bild von der Wüste (12,6), wie auch mit demjenigen von den Menschen unter dem Altartisch Gottes (6,9) werden wir auf Orte aufmerksam, die oft als »Rand« bezeichnet werden. Aber in der Perspektive des Johannes sind das zentrale Orte des Lebens. Es sind Orte des Widerstandes, der Stärkung.

Johannes macht Sexualität immer wieder zur Grundlage seiner Sprachbilder. Dabei wird aber nicht sexuelle Liebe oder Sexualität angeprangert (im Sinne von Leibverachtung und sexualitätsfeindlicher Moral), sondern eine Freierhaltung, die meint, alles sei käuflich. Sexualität spielt somit eine wichtige Rolle in der apokalyptischen Analyse der Gegenwart. An ihr lässt sich zeigen, wie es um die Körper von Schwachen in einem Machtsystem steht. *Body Politics,* Politik über die Körper, war in der Antike ein Herrschaftsinstrument. Die Körper der Armen wurden in der Mitte der römischen Arenen nackt und schutzlos ausgestellt und vernichtet.

Heute sehen wir, dass feministische und queere Menschenrechtsbewegungen einiges angestoßen haben, was Früchte trägt. So wurden z.B. bezüglich Abtreibungsmöglichkeiten Fortschritte erzielt und Vergewaltigung wird auch in der Ehe als Delikt verfolgt, homosexuelle Menschen werden nicht mehr kriminalisiert und können heiraten. Das zeigt, dass sich Vieles in den westlichen Gesellschaften verändert und geöffnet hat. Gleichzeitig bleiben diese Errungenschaften nicht unwidersprochen und müssen immer wieder erklärt und verteidigt werden.

Ich halte das Ende der Apokalypse für einen großen Anfang, für den Entwurf einer Utopie – eines Ortes, den es (noch) nicht gibt, den es aber geben sollte. Es wird ihn nie »geben«, nicht von allein, nicht von selbst, aber punktuell öffnen sich Zeitfenster, wo etwas möglich wird, bevor sie sich wieder schließen und verwandeln. Vielleicht sind alle Orte ständig in Bewegung? Aber was wäre, wenn Menschen sich nicht für Lebensräume einsetzen würden, wenn sie Fliehende ertrinken ließen und Hungernde verhungern? Wenn sie Unrechtssysteme dulden und sich darin so sicher einrichten würden in der Illusion, selbst nie auf die Seite der Schwachen und Verfolgten zu gehören?

Von Paulus bis zur Offenbarung des Johannes geht es darum, Zeugnis vom Widerstand gegen Verrohung abzulegen. Es geht darum, der Gewalt ihre Macht streitig zu machen. Paulus identifiziert sich mit den Todgeweihten, die vor aller Augen verspottet und getötet werden. Das Lukasevangelium klagt über die Schwächsten der ohnehin schwachen Zivilbevölkerung und weigert sich, sie aus seinen Gedanken zu entlassen. Die Offenbarung des Johannes schließlich setzt mit der schwangeren Frau, die von einem siebenköpfigen Machtmonster gequält wird, Gewalterfahrungen unzähliger Frauen ins Zentrum. In der Auslegungsgeschichte wurde Off 12 meist allegorisiert gelesen. Damit wurde die Vision entpolitisiert. Von dieser letztlich frauenfeindlichen Lektüre möchte ich abraten.

Die Offenbarung zeichnet das Bild der gequälten Frau, die fliehen muss, sorgfältig weiter. Die fliehende Frau braucht einen Ort, der sie schützt, und Menschen, die sie ernähren. Damit skizziert Johannes eine Ethik des Widerstands. Er deutet an, wie ein Ort plötzlich entstehen kann, den es vorher noch nicht gegeben hatte. Indem wir uns den Vertriebenen zuwenden, schaffen wir den Raum, den auch wir selbst dringend brauchen. Zukunft beginnt dort, wo nicht mehr nur gehofft wird, dass sich einmal etwas ändert, sondern wo Menschen handeln, damit es sich ändert.

4
Die Stamm-Mütter Jesu
Der Anfang des Matthäusevangeliums

1. Die Bedeutsamkeit des Anfangs

Die Sammlung der neutestamentlichen Schriften beginnt mit dem Evangelium des Matthäus und endet mit der Offenbarung des Johannes. Das Matthäusevangelium ist mit ziemlicher Sicherheit nicht das älteste der vier Evangelien (das wäre das Markusevangelium), womit deutlich keiner chronologischen Ordnung gefolgt wird. Das Matthäusevangelium beginnt aber mit einer festen Verkettung an das Erste Testament. Diese Verkettung macht Sinn: das Neue Testament ist ohne die Schriften des Alten (oder Ersten) Testaments unverständlich.[1]

1 In ihrem Kommentar zum Matthäusevangelium versteht Schottroff es als ganz und gar jüdische Schrift, die innerhalb des Judentums bleibt. Sie liest es aus der Situation nach dem jüdischen Krieg und konsequent sozialgeschichtlich. Luise Schottroff, Der Anfang des Neuen Testaments. Matthäus 1-4 neu entdeckt. Ein Kommentar mit Beiträgen zum Gespräch. Hg. von Frank Crüsemann, Claudia Janssen, Rainer Kessler. Stuttgart 2019.

Das Neue Testament beginnt also nicht mit der Weihnachtsgeschichte, sondern mit einer relativ langen Liste von Namen, die erst nach siebzehn Versen zu Josef und Maria führen.

Dies ist das Buch der Geschichte Jesu Christi, des Sohnes Davids, des Sohnes Abrahams. Abraham zeugte Isaak. Isaak zeugte Jakob. Jakob zeugte Juda und seine Brüder. Juda zeugte Perez und Serach mit der Tamar ... Mt 1,1-3 Luther

Mt 1,1-17 ist eine Zeugungsreihe von Vater über Sohn zu Vater über Sohn ... von Abraham bis zu Jesus. Warum beginnt das Evangelium so umständlich und wenig rhetorisch? Mich irritiert dieser Anfang, in den sich nur gerade vier Mütter geschlichen haben. Ich habe lange Zeit sehr wenig gehört über diese Genealogie und konnte mir nicht vorstellen, was an dieser Zeugungsreihe spannend sein könnte. Vielleicht wurde mir schon manchmal darüber gepredigt, aber ich habe es immer wieder total vergessen, ja verdrängt. Es ist doch seltsam, so zu beginnen – und erst recht, wenn man bedenkt, dass dies der Anfang des Neuen Testaments ist!

Von der feministischen Hermeneutik des Verdachts geschult, weiß ich, dass es Texte gibt, die, gegen den Strich gelesen, plötzlich Erinnerungen offenlegen: gefährliche Erinnerungen an unbequeme Momente in einer patriarchalen Geschichte, an wichtige Weichenstellungen oder an Frauen, die sich nicht unterkriegen ließen. Es ist nämlich absolut nicht nebensächlich, wie eine Geschichte beginnt. Sei es eine literarische Fiktion, ein Märchen oder ein Roman: Der Anfang enthält meist schon Hinweise, die wie Vorzeichen oder das Programm für das Kommende zu lesen sind. Auch jede persönliche Lebensgeschichte hat ihren ureigensten

Anfang. Vielleicht wissen wir, wie sehr unsere Eltern sich über unser Kommen in die Welt freuten. Oder wir wissen, was damals bei unserer Geburt genau geschah und halten dies für wegweisend.

Es gibt Versionen von Geschichten, die wir auswendig kennen, weil sie uns immer wieder erzählt werden, andere kennen wir kaum, wieder andere haben wir noch nie gehört. Was uns überliefert wird, gehört zu unserer Tradition. Was wir oft hören, ist offenbar für diese Tradition wichtig – wir sollen uns genau diese Version merken. Was wir selten hören, könnte zwar für uns wichtig sein, aber offenbar gibt es Interessen, die bestimmte Traditionen marginalisieren. Es ist nicht zufällig, was wir wissen und was nicht. Das hat mit der Kultur zu tun, in der wir uns bewegen.

Als feministische Befreiungstheologin gehe ich davon aus, dass wir heute in Europa in patriarchalen Gesellschaften leben, die androzentrisch ausgerichtet sind. Patriarchat meint ein pyramidales Hierarchiesystem, das Ungleichheit zwischen den Menschen voraussetzt und diese Ungleichheiten benutzt, um Macht und Privilegien der einen über die anderen zu untermauern. Privilegien werden nach den finanziellen Möglichkeiten vergeben, wer arm ist, wird unten angesiedelt – ebenso wer alt, behindert, homosexuell, farbig und weiblich ist.[2] Diejenigen, die oben sind, definieren, wer »der Rand« der Gesellschaft ist, wer »anders« ist und wer »gleich«. Es gibt verschiedene Möglichkeiten, sich an Pri-

2 Der Begriff der Intersektionalität, der benennt, wie mehrfache Ausgrenzungsmerkmale und Stigmata der dominanten Kultur miteinander verschränkt sein können, war mir 1998 noch nicht bekannt. Er fehlt auch noch in der zweiten Auflage des Wörterbuches der Feministischen Theologie, hg. Elisabeth Gössmann u.a., Gütersloh 2002. Heute ist Intersektionalität aus dem Diskurs nicht mehr wegzudenken, z.B. Renate Jost (mit Sarah Jäger), Vielfalt und Differenz. Intersektionale Perspektiven auf Feminismus und Religion (Internationale Forschungen in Feministischer Theologie und Religion. Befreiende Perspektiven, Bd.6). Münster 2017.

vilegien heranzuarbeiten. Doch funktioniert dieses System seit Jahrtausenden und es hält sich für ewiggültig.

Doch zurück zu den Anfängen. Das Neue Testament ist eine Sammlung von siebenundzwanzig Schriften. Folglich enthält es siebenundzwanzig Anfänge. Wenden wir uns einmal den Anfängen der Evangelien zu. Die Evangelien nach Johannes und nach Markus kennen keine Weihnachtsgeschichte. Sie setzen mit dem predigenden Johannes dem Täufer ein. Ganz anders beginnt das Lukasevangelium. Nach vier einleitenden Versen kommt es zur Sache, die absolut politisch verortet wird:

In den Tagen des Herodes ... Lk 1,5 Luther

Diese Verse führen zu Elisabeth und Zacharias, zur wunderbaren Empfängnis der alten Frau (LK 1,18.25) und bilden den Anfang der Weihnachtsgeschichte. Matthäus aber beginnt mit einer Genealogie, einer Geschlechterfolge.

Dies ist das Buch der Geschichte Jesu Christi, des Sohnes Davids, des Sohnes Abrahams. Mt 1,1 Luther

David ist natürlich nur sehr indirekt ein Sohn Abrahams, darum zählt Matthäus die dazwischen geborenen Söhne auf:

Abraham zeugte Isaak. Isaak zeugte Jakob. Jakob zeugte Juda und seine Brüder. Juda zeugte Perez und Serach mit der Tamar ... Mt 1,2f Luther

Ich muss mich korrigieren: Der Text zählt die dazwischen *gezeugten* Söhne auf. Am Ende kommt Matthäus dann bei Josef an, dem

Mann Marias. Und dann schließen sich die berühmten weihnachtlichen Verse an:

Mit der Geburt Jesu Christi aber verhielt es sich so. Mt 1,18 nZB

Warum diese Zeugungsreihe? Jesus als Sohn Davids zu konstruieren, obwohl doch sonnenklar ist, dass er der Sohn Josephs ist – nun gut, es gibt Unsicherheiten, ob er der Sohn Josephs gewesen war, das stimmt. Aber braucht es so viele Väter, um diese Unsicherheit auszuräumen? Und warum nur Väter? Ich meine, dieser Anfang ist nur dann langweilig, wenn wir ihn gelangweilt lesen. Diese Genealogie enthält literarischen Sprengstoff, der einiges aufbrechen ließe, wenn wir ihn »zünden« oder wirken lassen würden.

2. Die Frage nach den Müttern

An diesen anfänglichen Versen fällt vor allem unangenehm ins Auge, dass die biblischen Väter zeugten, ohne dass nach den Müttern gefragt wird. So viele Söhne werden aufgezählt, aber wo bleiben die Töchter? Was ist mit den Müttern? Wer stillte diese Söhne und trug sie auf ihrem Rücken?

Diese Fragen zu stellen heißt, nach unseren Vor-Müttern zu fragen. Wie hießen sie? Woran arbeiteten sie, wofür setzten sie sich ein, worauf hofften sie, wogegen leisteten sie Widerstand? Welche Geschichten erzählten sie sich beim Arbeiten oder beim Ausruhen? Wenn wir diese Anfangsverse jetzt bearbeiten, behalte ich die Fragen nach den Müttern auch für die eigene persönliche

Frauengeschichte im Kopf. Es ist spannend, nach den eigenen Vor-Müttern zu fragen, nach den Großmüttern, Tanten – den von der Familie ausgeschlossenen, versteckten Schwestern, den ledigen, emigrierten, unbekannten Frauen. Diese Fragen zu stellen heißt, unser Stillschweigen aufzugeben und bereit zu sein, sich zu verändern. Es könnte ja sein, dass wir Dinge entdecken, die uns begeistern, tanzen und singen lassen – oder auch sehr nachdenklich machen und wütend. Es gibt einen heiligen Zorn, den wir als Motor zum Aufarbeiten der Frauengeschichte gut brauchen können.

Ich möchte hier einen Einschub machen – den Frauen zu Ehren und zwar den jüdischen Frauen zu Ehren. Dies scheint mir passend, da es sich mit der matthäischen Genealogie um eine jüdische Genealogie handelt, sie steht als Verkettung zum Alten Testament am Anfang und es fehlen unsere jüdischen Mütter, also eine zweifach diskriminierte Gruppe in einer dominant christlichen und androzentrischen Erinnerungskultur. In der jüdischen Erinnerungskultur werden die Mütter auch oft vergessen, aber es gibt ebenso deutliche Kritik an diesem Vergessen oder ungenauen Erinnern. So weist der Babylonische Talmud in Sota 11b und im Midrasch Numeri / Bamidbar 9,13 darauf hin: »Nur der frommen und mutigen Frauen wegen wurden die Hebräer aus Ägypten befreit«. Stimmt, als der Pharao befahl, die Neugeborenen der Hebräerinnen sofort zu töten, widersetzten sich die Hebammen Schifra und Pua (2Mose 1,15). Aber auch Jochebed, die Mutter von Mirjam und Mose, setzte sich zur Wehr, indem sie den neugeborenen Mose in ein Binsenkörbchen legte und dem Nil anvertraute. Mirjam wachte so dann über ihren kleinen Bruder und Bitja, die Tochter des Pharaos, zog Mose aus dem Fluss und nahm ihn an Sohnesstatt an. Ohne diese Frauen hätte es keinen Auszug aus Ägypten gegeben. Darum mahnen Sota 11b und Midrasch Bamidbar 9,13, die Frauen in der Geschichte mit zu erinnern.

Am Vorabend des Pessachfestes (am Sederabend) wird auch in der häuslichen Liturgie an den Auszug aus Ägypten erinnert. Tanja Kröni[3] schrieb einen schönen Text zu den Frauen, die am Sederabend vergessen werden. Sie stützt sich auf eine Seder-Liturgie, die von Frauen geschrieben wurde[4]. In ihr kommen nicht nur vier Söhne zu Wort, die nach dem Grund des Sedermahls fragen, sondern auch vier Töchter:

»Die *kluge Tochter* fragt: ›Warum versammeln sich heute Abend nur Frauen hier?‹ Zu ihr sagen wir: ›Das ganze jüdische Volk zog zusammen aus Ägypten aus, alle, Frauen und Männer. Aber die Stimmen unsere Mütter fehlen in der Haggada. Wir bemühen uns, sie wieder zu finden, wie geschrieben steht: ‹Dann nahm Miriam die Prophetin eine Pauke in ihre Hand, und alle Frauen folgten ihr tanzend nach.‹ Deshalb feiern wir in dieser Nacht zwei Feste, die Befreiung der Frauen aus Ägypten und unsere eigene.

Die *respektlose Tochter* fragt: ›Warum sind heute Abend nur Frauen zu diesem Seder eingeladen?‹ Zu ihr sagen wir: ›Es geht nicht um Ausgrenzung. Wir sind heute ohne Männer zusammengekommen, um unsere Geschichten miteinander zu teilen. Wir Frauen sind nicht alle gleich, aber wir haben eine gemeinsame Geschichte. Heute Abend ist die Zeit, um uns auf die Fragen zu konzentrieren, wie wir uns gegenseitig helfen, stärken und

3 Tanja Kröni, Die Stimme der Frauen an Pessach. 4. April 2012-12 Nisan 5772. www.hagalil.com/2012/04/frauen-an-pessach (8.6.23)

4 Elaine Moise and Rebecca Schwartz, Dancing with Miriam Haggada, A Jewish Women's Celebration of Passover. Palo Alto 1996.

unterstützen können, damit wir zu einer Frauengemeinschaft finden.‹

Die *assimilierte Tochter* fragt: ›Warum müssen wir unseren Feminismus in einem jüdischen Kontext feiern?‹ Zu ihr sagen wir: ›Weil wir unsere Geschichte verleugnen, wenn wir unser Jüdischsein vergessen. Es wäre eine Beleidigung unserer Matriarchinnen und Vorfahrinnen, wenn wir unser Jüdischsein vergessen. Und wir würden unsere Kinder ihrer Identität berauben, wenn wir unser Jüdischsein vergessen.‹

Und in Gedanken an die *Tochter, die nicht fragt,* weil sie nicht dabei ist, sagen wir: ›Ich muss noch sehr viel lernen, damit ich euch lehren kann.‹« (Tania Kröni, ebd. Anm. 4)

Damit wir unsere Fragen anbringen können, brauchen wir Sorgfalt und Mut. Sorgfalt, um den Staub sachte vom Vergangenen zu wischen. Wir sollten nicht in Bausch und Bogen verdammen, weil wir dann keine Anfragen mehr stellen können. Mut brauchen wir aber, weil wir unserer Wut begegnen werden. Wut über das Unrecht, das unseren Müttern angetan wurde, Wut über Verdrehung von Textaussagen, Wut über das Totschweigen von Zeugen und Zeuginnen, die uns lebendige Botschaft bringen möchten.

3. Ein Text voller Spannungen

Die ersten siebzehn Verse verorten Jesus in einer patrilinearen Geschichte Israels. In dieser Genealogie werden die meisten Mütter ausgelassen, einige wenige erscheinen nur als Fruchtbarkeitserfüllungen ihrer Ehemänner. Denn nicht Tamar ist aktiv, sondern Juda (Juda zeugt mit der Tamar). Frauen scheinen nur genannt zu werden, wenn sie problematisch sind. Denn die in dieser Genealogie genannten Frauen sind nicht die alltäglichen Ehefrauen – als Pendant zu den vielen alltäglichen Ehemännern, sondern sie sind entweder durch ihr Heldinnentum oder ihre spezielle Sünde – je nach Perspektive – herausragend. Ihnen fehlt aber mit Bestimmtheit die Selbstverständlichkeit, die die 39 Väter allein durch ihre Häufigkeit erhalten. Ein Vater zeugt einen Sohn, ein Vater zeugt einen Sohn, ein Vater zeugt einen Sohn ... Wer diese Lektion in diesen ersten Versen tief einatmet, findet ein Vater-Sohn-Muster in der Geschichte von Gott (dem Vater) und Jesus (dem Sohn), das ihn durch das ganze Evangelium führt. Die Mütter aber und erst die Töchter haben mit dieser Geschichte kaum etwas zu tun.

Dort, wo es dann endlich um eine Mutter geht, um Marias Schwangerschaft, führt der Erzähler Joseph als »gerecht« ein, was die HörerInnen veranlasst, Josephs weiteres Verhalten als gut und gerecht zu beurteilen. Maria aber erhält kein weiteres Prädikat.

Josef, ihr Mann, der gerecht war und sie nicht bloßstellen wollte, erwog, sie in aller Stille zu entlassen. 1,19 nZB

Wenn wir nach Maria fragen wollen, nach ihrer Person, ihrem Leben, müssen wir diesen androzentrischen Text dekonstruieren – auseinandernehmen, Vers für Vers abklopfen vom patriarchalen Staub und sorgfältig nach den abgelagerten, verborgenen Schichten suchen. Feministische Interpretation kann nicht länger wie der heilige Hieronymus die vier Stammmütter Jesu einfach als Sünderinnen bezeichnen, oder als Außenseiterinnen und Fremde, wie es Martin Luther tat. Es ist die androzentrische Perspektive, die Frauen zu Sünderinnen, Außenseiterinnen und Fremden macht. Frauen werden in dieser Leseperspektive zu den »Anderen«. Wir grenzen sie sozusagen lesend aus, konstruieren ohne es zu wollen ein weiteres Mal die androzentrische Geschichte mit Männern und behandeln Frauen als Randfiguren.

Doch wer sind sie in einer feministischen Perspektive? Feminismus beinhaltet immer eine Kritik dieser androzentrischen Realitätskonstruktion.[5] In einem weiteren Schritt kommt feministische Dekonstruktion eines Textes zur Rekonstruktion eines Gegentextes, der sich androzentrischen Vorgaben nicht mehr beugt. Dieser Gegentext – Elaine Wainwright spricht von einem »Gegenzusammenhang«[6] – ist keine pure Imagination, kein Wunschdenken von sich übergangen fühlenden Frauen. Vielmehr ist er als eine Markierung im Textgewebe erkenntlich, eingewoben. Dies lässt sich auch im Matthäusevangelium zeigen. Wer diese Gegenstimme im Text überhört, liest den Text stromlinienförmig und einseitig. Viele biblische Texte sind aber nicht einseitig zu lesen, sondern widersprüchlich. Sie widersprechen sich selbst, so wie es in einem lebendigen Gespräch zu und her gehen kann. Feministischer Lektüre ist es deshalb wichtig, gegen den Strich des Textgewebes zu

5 Wie vielfältig eine feministische Perspektive auf Marias Schwangerschaft aussehen kann, hat Marti gezeigt.
Marti zeigt, wie feministische Denkerinnen Maria zu Wort kommen lassen und sexuelle Übergriffe auf Frauen darin eine Rolle spielen. Sibylle Marti, Zwischen Missbrauch und Befreiung. Zum Potenzial feministischer Auslegung der jungfräulichen Geburt. In: lectio difficilior 1/2014 – http://www.lectio.unibe.ch.

6 Elaine Wainwright, The Gospel of Matthew, in: Elizabeth Schüssler Fiorenza (ed.), Searching the Scriptures. A Feminist Commentary. New York 1994, 635-677, 641.

lesen, widersprechende Stimmen hörbar zu machen und neue Möglichkeiten zuzulassen.

Als feministisch bewusste Frauen (oder Männer) müssen wir auch im täglichen Leben nach diesem Funkeln suchen, das die Enge des patriarchalen Denkens transzendiert. Überall – sei es im Kino oder im Restaurant, zuhause, am Arbeitsplatz oder wo auch immer – deckt die Frage nach den Frauen und den queeren Menschen einen Gegenzusammenhang auf. Denn sie sind da, integriert, aber benachteiligt. Sie wirken an der Erhaltung des Systems mit, aber sie knüpfen auch an einem eigenen gegenkulturellen Netz, wenn sie nach ihren Werten leben und sich gegenseitig unterstützen, lieben und fördern. Diese positive Gegengeschichte ist durch die ganze androzentrisch überlieferte Geschichte zu finden – nur muss sie aus der Dämmerung, resp. dem kaum Erinnerten, ins Bewusstsein befördert werden.

Wainwright macht darauf aufmerksam, dass im Matthäusevangelium diese Problematik angesprochen wird. Einzelne Gruppen in der matthäischen Gemeinschaft haben offenbar diese Bewusstseinsarbeit als Aussortieren von guten und schlechten Fischen begriffen. Nicht alles, was im Netz ist, ist genießbar. Ein volles Netz allein garantiert noch keinen guten Fang.

Mit dem Himmelreich ist es wie mit einem Netz, das ins Meer geworfen wurde und Fische aller Art fing. 48 Als es voll war, zogen sie es an Land, setzten sich, sammelten die guten in Körbe und warfen die schlechten weg. Mt 13,47-48 nZB

Die Vision von Gottes neuer Welt voller Gerechtigkeit braucht diesen Arbeitsprozess der FischerInnen. Was ist ungenießbar? Was werfen wir weg? Was ist stärkende Nahrung? Matthäus setzt diesen Sortierungsprozess direkt in Zusammenhang mit der Arbeit der Schriftgelehrten:

Da sagte er zu ihnen: Darum ist jeder Schriftgelehrte, der ein Jünger des Himmelreichs geworden ist, einem Hausherrn gleich, der Neues und Altes aus seiner Schatzkammer hervorholt. Mt 13,52 nZB

Wainwright gelingt es in ihrer sorgfältigen Re-Visionierung des Matthäusevangeliums, diesen Schatz innerhalb der an sich androzentrischen Erzählung zum Funkeln zu bringen. Sie entdeckt Spannungen im Text, die System haben: Immer wieder wird der offenbar durch und durch patriarchale Grundton des Gewebes[7] unterbrochen.

Ich möchte das an zwei kleinen Stellen deutlich machen. Wir haben oben bedauert, dass der Erzähler mehr über Joseph sagt als über Maria. Joseph distanziert sich nicht öffentlich von der Schwangerschaft seiner Verlobten. Er erhält einen wunderbaren Traum und steht letztlich zu ihr. Doch über die Krisen Marias erfahren wir nichts. Das ist sehr schade. Auf der anderen Seite bleibt unbemerkt, dass Joseph zweimal als »Ehemann« Marias bezeichnet wird.

Jakob zeugte den Joseph, den Mann der Maria ... Mt 1,16 nZB
Joseph, ihr Mann, der gerecht war ... Mt 1,19 nZB

7 *Textus* (lateinisch) heißt das »Gewobene«, darum vergleiche ich den Text gerne mit einem Stoff voller Längs- und Querfäden, Farben und Muster. Es gibt ein »Gegen-den-Strich-Lesen«, so wie mit der Hand leicht die Laufrichtung des Stoffes gespürt werden kann und die Gegenläufigkeit.

Joseph wird in die männliche Genealogie als Sohn Jakobs eingewoben. Er gehört zu den vielen zeugenden Vätern. Aber er wird als »ihr Mann« eingeführt, was ein kleiner, aber einzigartiger Unterschied ist. Kurz hintereinander wird diese Definition Josephs wiederholt. Joseph war zwar der Sohn Jakobs, was ihn in diese Genealogie eingliedert – aber vor allem war er der Ehemann Marias. Das ist als deutlicher Kontrast innerhalb der männlichen Genealogie Jesu. Plötzlich entdecken wir einen Mann, der einer Frau gehört! Männer werden sehr selten über ihre Ehefrauen definiert. Joseph wird hier als ein Mann beschrieben, der durch eine wichtige Erfahrung (Traum) dazu kam, sich als »ihren Mann« zu erweisen. Diese Nuance bricht die androzentrische Texttextur etwas auf.

Auch die vier Stammmütter innerhalb der patrilinearen Zeugungsreihe zerren an dieser Textur. Wenn keine Frauen genannt würden, würde ihre Abwesenheit schmerzloser sein, unbemerkter vielleicht, als durch die Nennung von nur gerade vier Frauen. Sie unterbrechen die Regel: »Eine Frau ist unsichtbar.« Gleichzeitig machen sie deutlich, dass eine »gute« Frau unsichtbar bleibt. Jede der vier Frauen ist nämlich an einem Punkt ihres Lebens für das patriarchale System problematisch geworden. Nun kann diese Tatsache natürlich androzentrisch interpretiert werden: Die vier Frauen sind herausragende zwielichtige Persönlichkeiten, Außenseiterinnen, Sünderinnen. Aber es wird schwierig mit dieser Deutung. Denn die Genealogie führt zu Jesus hin, dem Sohn Davids. Die Genealogie enthüllt Gottes messianischen Plan. Gott baut auf diese Frauen, auf ihre Geschichten, ihre Initiativen, die dem patriarchalen System gefährlich wurden.

Ich möchte hier als ein weiteres Beispiel dieser Spannung im Text auf Rahel hinweisen (Mt 2,18). Sie wehklagt um die verlorene Generation, die Kleinen, die von Herodes getötet wurden. Sie verkörpert die im Text unsichtbaren Mütter und Väter, die sich über den Mord an ihren Kindern nicht trösten lassen wollen, und gehört zu diesem »Gegenzusammenhang«. Sie steht als eine der großen Erzmütter den 39 Vätern der Genealogie gegenüber. Rahel war eine sehr bekannte Figur und gehörte zur Identität Israels, Rahel und Lea werden die Erbauerinnen Israels genannt (Rut 4,11). Zudem: Rahel war bekanntlich die Mutter Josephs, des Jakobssohnes aus 1Mose 30,24. Auch der Vater Jesu, Joseph, wird Jakobssohn genannt. Vielleicht ist Rahel damit eine Art verborgene Großmutter Jesu?

Doch wenden wir uns jetzt den Stammmüttern des Anfangs zu.

4. Tamar: Der Durst nach Gerechtigkeit

Tamar ist die erste der vier Frauen, die den Gegentext eröffnen: Tamar (Mt 1,3), Rahab (Mt 1,5), Rut (Mt 1,5) und die Frau des Uria (Mt 1,6).

Juda zeugte Perez und Serach mit der Tamar. Mt 1,3 Luther

In 1Mose 38 wird die Geschichte der Tamar erzählt. Sie wurde mit dem ältesten Sohn Judas verheiratet. Dieser starb aber, ohne einen Sohn zu hinterlassen. Darum musste Judas zweitältester Sohn die Witwe heiraten, um für seinen verstorbenen Bruder einen Sohn zu zeugen. Diese Regelung war erbrechtlich ein interessantes Modell in einem System, in dem Landbesitz nur patrilinear vererbbar war. Das heißt, die Witwe und ihre Töchter konnten von ihrem Mann, resp. Vater, kein Land erben. Hinterließ der Verstorbene keine Söhne, fiel sein Land an seine Brüder. Das sog. Leviratsgesetz versuchte, der Witwe und ihren Töchtern Boden unter den Füßen zu erhalten. Diese erbrechtliche Regelung ist in Dtn 25,5-10 beschrieben, siehe auch in M. Yebamot[8]. Der seinen Bruder vertretende Schwager wird Levir genannt, die Witwe Yebamah. Eine Yebamah konnte nicht heiraten, wen sie wollte, bevor nicht der Levir seine Weigerung, sie zu heiraten, ausgedrückt hatte. Erst wenn kein Levir sie ehelichen konnte, war sie bezgl. ihrer Lebensgestaltung autonom wie eine andere Witwe auch (s. Buch Rut). Der Levir war verpflichtet, dem Verstorbenen einen Sohn zu zeugen, damit dieser das Erbe seines verstorbenen Vaters antreten konnte. Das Gesetz galt über die Brüder hinaus für die gesamte männliche Verwandtschaft des Verstorbenen.

Der zweitälteste Sohn des Juda namens Onan wird in Gen 38 als raffgierig dargestellt. Er wollte für seinen verstorbenen Bruder keinen Sohn zeugen, dann würde er selbst mehr erben.[9] Doch Onan stirbt. Nun wird der Vater Juda unsicher: Soll er auch seinen Jüngsten mit Tamar verheiraten? Von Rechtes wegen muss er das. Der Text offenbart die Gedanken Judas:

8 Die Mischnah ist die erste Sammlung von mündlichen Gesetzesauslegungen und stammt aus dem späten 2. Jh.

9 M.E. besteht die Sünde des Onan nicht in der Masturbation (sog. »Onanie«), sondern darin, dass er aus Habgier seinem Bruder keine Söhne zeugen wollte. Er durfte nach dem Leviratsgesetz Tamar nur heiraten, um Erben für seinen Bruder zu zeugen, nicht aber um sich sexuell zu befriedigen oder das brüderliche Land für sich zu übernehmen.

Da sprach Juda zu seiner Schwiegertochter Tamar: Bleibe eine Witwe in deines Vaters Hause, bis mein Sohn Schela groß geworden ist. Denn er dachte, vielleicht würde der auch sterben wie seine Brüder. So ging Tamar hin und blieb in ihres Vaters Hause. 1Mose 38,11 Luther

Juda macht also in seinen Gedanken Tamar für den Tod der beiden Söhne verantwortlich. Darum zögert er, den Jüngsten mit ihr zu verheiraten. Tamar aber schickt er zurück in ihr Vaterhaus. Tamar wird verheiratet, verwitwet, wieder verheiratet und verwitwet und nach Hause geschickt, wo sie warten soll, bis der jüngste Sohn alt genug ist, sie zu heiraten. Damit wird sie auch nicht freigestellt, zu heiraten, wen sie will. Denn Juda fordert von ihr, als Yebamah/ Witwe zu warten. Was Juda dachte, dass nämlich die Witwe am Tod ihrer beiden Gatten mitschuldig sein könnte, werden wohl auch andere gedacht haben.[10]

Eines Tages sieht Tamar, dass Judas jüngster Sohn volljährig geworden ist. Aber er wird ihr nicht angetraut (Gen 38,14). Da verkleidet sie sich als Prostituierte, setzt sich an eine Wegkreuzung, wo sie weiß, dass ihr Schwiegervater Juda vorbeikommen wird. Sie scheint die Gewohnheiten Judas gut zu kennen: Denn er kommt tatsächlich und möchte ihr auch prompt beiwohnen. Klug fordert sie ein Pfand für ihre Dienste, sie will nicht auf die Einlösung des Zahlversprechens Judas warten. Schließlich geht es ja gerade darum, dass Juda seine Verantwortung ihr gegenüber endlich wahrnimmt. Juda gibt ihr seinen Siegelring, Schnur und Stab als Pfand. Später schickt er tatsächlich das versprochene Zie-

10 Vgl. dazu die apokryphe Geschichte des Buches Tobit: Sechs Ehemänner sterben der jungen Sarah in der Hochzeitsnacht. Es wird vermutet, dass ein Dämon Sarah eifersüchtig bewache.

genböcklein, doch der Bote findet Tamar nicht mehr an dieser Kreuzung. Tamar aber hat die Zeichen seiner Person in ihrer Hand. Etwa drei Monate später erfährt Juda, dass seine Schwiegertochter schwanger sei. Er ist immer noch zuständig für sie, was sich darin zeigt, dass er das Urteil über sie spricht:

Juda sprach: Führt sie heraus, dass sie verbrannt werde. Gen 38,24 Luther

Er verurteilt seine Schwiegertochter als Ehebrecherin. Wie sie hinausgeführt wird, um verbrannt zu werden, schickt sie Juda sein Pfand mit den Worten: »Von dem Mann, dem dies gehört, bin ich schwanger« (1Mose 38,25). Da versteht Juda, dass sie im Recht gegen ihn ist. Sie hat sich Nachkommen verschafft, weil er ihr seinen Sohn nicht gegeben hat. Aus der Familie ihres Mannes hat sie sich Samen geholt, um dem verstorbenen Gatten ein Kind gebären zu können. Sie hat das Recht erfüllt, während dessen er es nicht eingelöst hat.

Die Geschichte Tamars mag uns fremd anmuten, da wir diese Gesetze der Schwagerehe nicht kennen. Deutlich aber erkennen wir diese Züge: Tamar wird Opfer patriarchaler Strukturen ihrer Familie. Sie wird für mitschuldig am Tode der beiden Brüder gehalten, nach dem Motto: eine Frau ist immer schuld – auch wenn sie es nicht ist. Dann wird sie auf Wartestand gesetzt, ihr Leben, ihre Hoffnungen und Projekte zählen nichts, sie ist in auswegloser Situation, abhängig vom Willen ihres Schwiegervaters. Ihre Handlungsweise zeigt Radikalität: wenn dieser männliche Same schon so wichtig ist, dann holt sie ihn sich von ihrem Schwiegervater. Allein schon dass sie weiß, dass er auch zu einer Prostituierten geht, sobald er eine sieht, zeigt, wie ungleich die Spieße verteilt sind. Nun nutzt sie ihr Wissen über ihn aus: gerade an seiner Freiheit wird sie ihn packen. So wird sie Mutter, um ihre Wartestellung zu beenden und das Erbe ihres Mannes für dessen Nachkommen und sich selbst nutzen zu können. Von nun an ist ihre finanzielle Lage ist geklärt, ebenso ihre soziale Rolle.

Und Gott? Dass diese Geschichte so erzählt wurde, zeigt, dass Gott auf der Seite Tamars ist. Sie erhält Recht (1Mose 38,26). Sie ist es, die die Gerechtigkeit realisiert, die das herrschende Recht verlangt. Juda schob das Herstellen der Gerechtigkeit auf. Denn er ließ sie auch noch warten, als sein Jüngster herangewachsen war. Gott ist auf der Seite derer, die nach Recht verlangen, die dürsten nach Gerechtigkeit und die alles daran setzen, sie zu verwirklichen (Mt 5,6; Lk 18, 1-8).

5. Rahab: die Kraft, die Leben rettet

Salmon zeugte Boas mit der Rahab. Mt 1,5 Luther

Rahabs Geschichte ist leicht erzählt (Jos 2,1-21). Sie lebte in Jericho zu einer Zeit, in der die alten israelitischen Stämme unter Josua auf Eroberungskrieg waren. Josua schickte zwei militärische Kundschafter nach Jericho, um das Feld zu sondieren. Diese gingen zu ihr, um bei ihr zu übernachten. Der König von Jericho erhielt Nachricht, dass Spione in der Stadt seien und natürlich dachte er als erstes an das Haus der Rahab, das an der Stadtmauer stand. Damit ist Rahabs gesellschaftliche Position gezeichnet: Sie lebte am Rande der Stadt, in einem der Häuser, die zum Schutzwall gehörten, also selbst ungeschützt waren, aber die Häuser der Innenstadt schützen halfen. Die Lokalisierung Rahabs sagt auch etwas über ihre Identität aus. Es ist eigentlich unnötig, sie auch noch als Prostituierte zu beschreiben. Ihr Mauerhäuschen war ein Durchgangsort, freizügig gegenüber den festen Strukturen des Ortes, freigiebig gegenüber den Fremden, denen sie Obdach und Bettwärme, Nahrung und vielleicht auch Sexualität gewährte. Ob sie glücklich war mit dieser Rolle, mit dieser Randposition, die ja auch eine Freiheit in sich bergen konnte, wird mit keinem Wort erwähnt. Ob sie so leben wollte oder musste, spielt im Moment der kriegerischen Bedrohung sowieso keine Rolle. Wenn Feinde in der Stadt vermutet werden, gehört ihr Haus auf jeden Fall zu den sofort suspekten Orten.

Rahab nahm die beiden Männer als Herbergsgäste auf. Als die Boten des Königs erschienen und das Haus nach ihnen zu durchsuchen begannen, arbeitete Rahab nicht mit ihnen zusammen. Sie ließ die beiden Fremden zum Fensterchen an der Stadtmauer unbesehen hinaus. Rahab scherte sich nicht um die Ziele des Königs oder der Stadt. Warum? Können wir Rahab verstehen? Sie trug zum Untergang Jerichos bei, indem sie die Kundschafter beherbergte und sogar beim Überfall auf die Stadt eine Schlüsselposition einnahm: Dank Rahab wussten die beiden Männer, wie man in die Stadt kam und ihre Tore öffnen konnte. So spielt Rahab eine ambivalente Rolle. Offenbar fühlte sie sich diesen Männern gegenüber mehr verpflichtet als dem König. Warum? Und warum half sie überdies beim kriegerischen Überfall, indem sie die beiden wieder einließ? Hier ist ja kaum mehr von Geldverdienen oder Mitleid mit zwei Fremden zu reden. Die Tradition des absoluten Schutzes der Gäste kann hier nicht als Grund angeführt werden.

Nun könnten wir Rahab als verbittert sehen. Wenn sie Verachtung erlebt hatte, so dass sie den Ort und seine BewohnerInnen hasste, begrüßte sie vielleicht die Zerstörung der Stadt. War es so? War Rahab verbittert? Oder war sie eine Opportunistin? Wollte sie sich mit einem großen und siegreichen Heer auf guten Fuß stellen? Aber diese Variante bedingt, dass das fremde Heer wirklich gewinnt! Denn sonst wird sie gnadenlos als Kollaborateurin verfolgt werden.

Rahabs Rolle ist nur vordergründig ambivalent. Rahabs Lektion ist einfach. Wenn die beiden Fremden und ihr Heer tatsächlich Jericho einnehmen werden, sollen sie sich für sie verwenden, für sie und ihr Haus (Jos 2,12-13), damit ihren Eltern, Schwestern und Brüdern samt den Ihrigen kein Leid geschieht. Aus Rahabs Mund hören wir ein ausführliches Bekenntnis zum Gott des Exodus.

»Ich weiß, dass der HERR euch das Land gegeben hat; denn ein Schrecken vor euch ist über uns gefallen, und alle Bewohner des Landes sind vor euch feige geworden. 10 Denn wir haben gehört, wie der HERR das Wasser im Schilfmeer ausgetrocknet hat vor euch her, als ihr aus Ägypten zogt, und was ihr den beiden Königen der Amoriter, Sihon und Og, jenseits des Jordans getan habt, wie ihr an ihnen den Bann vollstreckt habt. 11 Und seitdem wir das gehört haben, ist unser Herz verzagt und es wagt keiner mehr, vor euch zu atmen; denn der HERR, euer Gott, ist Gott oben im Himmel und unten auf Erden.« Jos 2,9-11 Luther

Rahab hat Respekt für eine Gottheit, die fliehende Menschen unterstützt und für sie, die nichts mehr haben, das Meer austrocknet. Das Heer der Ägypter war stark, gut bewaffnet und groß. Doch der Gott der Fliehenden lässt es nicht auf eine Konfrontation ankommen, sondern eröffnet Fluchtwege. Diese Menschen, die aus dem Sklavenhaus flohen, beeindrucken Rahab. Sie erkennt, dass die Gottheit der Fliehenden nicht nur oben im Himmel ist, sondern auch auf der Erde. Darum traut sie den IsraelitInnen mehr zu als dem König von Jericho. Doch sie sichert sich auch ab:

So schwört mir nun bei dem HERRN, weil ich an euch Barmherzigkeit getan habe, dass auch ihr an meines Vaters Hause Barmherzigkeit tut, und gebt mir ein sicheres Zeichen, 13 dass ihr leben lasst meinen Vater, meine Mutter, meine Brüder und meine Schwestern und alles, was sie haben, und uns vom Tode errettet. 14 Die Männer sprachen zu ihr: Tun wir nicht Barmherzigkeit und Treue an dir, wenn uns der HERR das Land gibt, so wollen wir selbst des Todes sein, sofern du unsere Sache nicht verrätst. Jos 2,12-14 Luther

Rahab bezeichnet ihre Hilfe den beiden Kundschaftern gegenüber als Barmherzigkeit und pocht damit an deren Gewissen. Nun sollen auch sie barmherzig handeln. Denn Gott ist ein barmherziger Gott, Taten der Güte sollen nicht vergebens sein und Großzügigkeit soll erwidert werden. Alle, die bei der Einnahme der Stadt in Rahabs Haus sind, sollen am Leben gelassen werden. Auf diese Weise verwandelt Rahab ihr schutzloses Haus in einen geschützten Ort.

Ich meine, in der Stimme Rahabs eine Kritik an diesem mörderischen Krieg erkennen zu können. Denn das kriegerische Buch Josua gesteht sich ja mit der Erinnerung an Rahab ein, eine Stadt kampflos erobert zu haben. Allein wegen der Freundschaft einer Frau wurden die Stadttore geöffnet. So wäre innerhalb der kriegerischen Geschichte eine Stimme bewahrt, die andere Werte vertritt als militärische Kampfesstärke. Rahab und ihr Haus stehen für Freundschaft und Leben. Auch zwingt uns niemand, Rahab als verbittert oder in Feindschaft mit ihrer Stadt zu denken. Rahab lässt mich träumen, wie sie die halbe Stadt zusammenruft, wie ihr Häuschen zum Zentrum für alle wird, die lieber leben, als Krieg zu führen.

Ich stelle mir vor:

> Rahabs Stimme
> in den Gassen
> flüstert zu ihren Nichten und Neffen,
> murmelt beim Waschen am Brunnen
> Zeichen blinken
> über die Dächer hinweg.
>
> Rahab lädt zum Fest
> nur Wasser, Wein,
> Brot und Gesang.
> Komm, beim Talglicht erwarten wir den Morgen!
> Dieser Morgen allein
> wird Zukunft in sich tragen.

6. Rut, die Freundin

Die dritte Mutter, die das Matthäusevangelium in den patrilinearen Stammbaum eingefügt hat, ist Rut. Rut heißt auf hebräisch »Freundin«. Sie gerät in eine rechtlich schwache Position, da sie Witwe wird und in die Fremde zieht.

Salmon zeugte Boas mit der Rahab. Boas zeugte Obed mit der Rut. Mt 1,5 Luther

Das Buch Rut erzählt, dass Noomi und ihr Mann Elimelech aus Bethlehem wegen einer Hungersnot auswandern mussten. Sie ließen sich mit ihren beiden Söhnen in Moab nieder. Doch ihr Mann starb und Noomi blieb allein mit ihren Söhnen. Ihre Söhne nahmen sich Frauen von Moab, namens Orpa und Rut. Nach zehn Jahre kinderloser Ehe starben auch beide Söhne. So ist die Geschichte dieser Migrantenfamilie von Hunger und zu frühem Tod gezeichnet.

Noomi entschloss sich, als Witwe in ihre alte Heimat zurückzugehen.[11] Sie hoffte darauf, dass sich die Situation in Bethlehem inzwischen verbessert hatte und dass sie mehr Sicherheit in ihrer alten Heimat erfahren würde als in Moab.

Da machte sie sich auf mit ihren beiden Schwiegertöchtern und zog aus dem Land der Moabiter wieder zurück; denn sie hatte erfahren im Moabiterland, dass der HERR sich seines Volkes angenommen und ihnen Brot gegeben hatte. Rut 1,6 Luther

Beide Schwiegertöchter möchten bei Noomi bleiben. Orpa und Rut sind bereit, mit Noomi nach Bethlehem auszuwandern. Doch Noomi redet ihnen zu, dies nicht zu tun. Sie ist alt, sagt sie, und kann ihnen keine Sicherheit mehr bieten. Nach langem entschließt

11 Vgl. Irmtraud Fischer, Rut. Freiburg, Basel, Wien 2005; Ina Johanne Petermann (Batmartha), Das Buch Rut. Grenzgänge zweier Frauen im Patriarchat. In: Luise Schottroff und Marie-Therese Wacker (Hg.), Kompendium Feministische Bibelauslegung. Gütersloh 1998, 104-113; Athalya Brenner (Hg.), A Feminist Companion to Ruth. Sheffield 1993.

sich Orpa, in ihr Vaterhaus zurückzugehen. Doch Rut will mit Noomi gehen und lässt sich nicht davon abbringen. Es ist eine Einverleibung ohnegleichen, wenn die Worte Ruts, die Noomi gelten, an heterosexuellen Trauungen vorgelesen werden:

Darauf sagte Rut: »Bedränge mich doch nicht, dich zu verlassen, mich von dir abzuwenden. Denn wo auch immer du hingehst, da gehe ich hin, und wo auch immer du übernachtest, da übernachte auch ich. Dein Volk ist mein Volk, dein Gott ist mein Gott. 17 Wo du stirbst, da sterbe ich, dort will ich begraben werden. Die Eine tue mir alles Mögliche an, denn nur der Tod wird dich und mich trennen!« Rut 1,16-17 BigS

So kehren Rut und Noomi aus der Fremde in die Heimat zurück. Die Freundschaft der Beiden bildet die Basis für alles Folgende. Rut vertraut Noomi und Noomi strengt sich an, für Rut eine Zukunft zu bauen. Dies ist eine ungewöhnliche Geschichte. Noomi erinnert sich in Betlehem daran, dass es einen Levir für Rut geben könnte. Diese Wendung der Geschichte ist interessant, denn Rut ist eine Moabiterin. Noomi verfolgt mit dem Levir ein doppeltes Ziel: ihre Schwiegertochter soll einen Mann haben, der sie ernährt und ihr ein Zuhause bietet. Ihr erstgeborener Sohn aber soll ihr, Noomi, das Erbe Elimelechs sichern. Das ist kein egoistischer Plan, da Rut auch davon profitieren würde.

Die Geschichte wird denn ganz genüsslich erzählt. Die ungetrübte Freundschaft Ruts und Noomis führt die Lesenden durch alle Beschwernisse hindurch. In Boas findet sich ein Verwandter Elimelechs, der als Levir infrage kommt. Er findet Gefallen an Rut, sie verbringen eine gemeinsame Nacht in der Scheune, noch bevor Boas an Heirat denkt. Auch dies ist ein riskantes Vorgehen für die

Migrantin Rut. Doch sie vertraut auf die Anweisungen Noomis, die sie weder ausnutzen noch preisgeben wird. Schließlich klappt es mit dem Levir, Boas heiratet Rut. Rut wird schwanger, wie es sein soll, und gebiert den nötigen Erben. Dieser Erbe namens Obed wird später der Großvater von König David (Rut 4,13ff). Rut, die Moabiterin, hat somit einen Platz in der Genealogie Davids als dessen Urgroßmutter.

Diese Geschichte erscheint milder als diejenige Tamars und Rahabs. Doch soll dies nicht darüber hinwegtäuschen, dass die Gottheit Israels auf der Seite der Witwen ist, die es in einem patrilinearen Erbrecht einer sehr armen Bevölkerung äußerst schwer haben. Noomi und Rut gehören zu den Schwachen und Ärmsten, für die die Gottheit Israels stets eintritt (2Mose 22,21-23; 5Mose 24,17.19; 27,19; Jes 1,17; Jer 7,5-7; Sach 7,9-10; Ps 68,6; Ps 146,9; Hi 29,12-13). Dieses Eintreten für die Schwächsten ist in den Stammbaums Davids eingeschrieben und somit auch in denjenigen Josephs, Marias und Jesu.

7. Batsheba

Die vierte Frau, die Matthäus in die Genealogie eingefügt hat, ist Batsheba.

David zeugte Salomo mit der Frau des Uria. Mt 1,6 Luther

Batsheba ist eine verheiratete Frau (2Sam 11). Während ihr Gatte auf Kriegszug ist, sieht der König die schöne Frau beim Baden. Er benutzt die Gelegenheit und lässt sie zu sich bringen. Er schläft mit ihr und sie wird davon schwanger. Um den drohenden Skandal zu verhüllen, schickt David sofort nach ihrem Gatten Uria, damit dieser unverzüglich nach Hause gehe und mit ihr schlafe und das Kind für sein eigenes halte. Doch Uria geht als Beurlaubter nicht zu seiner Frau, da seine Männer jetzt auch keinen Urlaub haben. Er lässt sich von David nicht manipulieren und leistet gewissermaßen Widerstand. Da die Beurlaubung Urias nicht funktioniert hat, lässt ihn David an aussichtsloser Stelle im Kampf aufstellen, wo er dann folgerichtig getötet wird. So wird er die Schwangerschaft seiner Frau nicht erfahren. Außerdem kann David jetzt die Batsheba heiraten, kaum dass sie Totenklage gehalten hat.

Batsheba wird von Matthäus als »Frau des Uria« genannt. Batsheba wird zwischen Männern hin und hergeschoben. Die androzentrische Perspektive auf sie scheint perfekt. Wir hören keinen Ton von ihr, sehen sie nur in den Augen Davids als erotisches Objekt. Wer war Batsheba? Ihr Name heißt »Tochter Shebas«. Ist sie auch in ihrem Vaterhaus zu keinem eigenständigen Namen gekommen? Die Tochter Shebas, die Frau Urias, die Frau Davids, die Mutter Salomos ... Sie wird offenbar immer über ihre Männer definiert, sogar noch bei Matthäus!

Doch so wahr diese Perspektive auf sie ist, gibt es noch einen zweiten Teil in dieser Geschichte. Um Batsheba herum spielt sich ein Drama ab, in dessen Mitte sie steht: Der König verrät seinen Krieger, betreibt Ehebruch, lässt morden, er tut, was Gott missfällt. Das Kind Batshebas und Davids wird schon als Baby krank und stirbt. So erleidet Batsheba den Verlust ihres Mannes, ihrer bisherigen Identität, wird Mutter, aber nur für kurze Zeit. Sie scheint eine leidende Frau zu sein, ein Opfer von imperialistischen Männerphantasien. Gott hilft ihr nicht. Im Gegenteil, in der theologischen Perspektive, die den Tod des im Ehebruch gezeugten Kindes als Strafe Gottes sieht, wird sie als Opfer auch noch bestraft.

Doch Vorsicht:

David zeugte Salomo mit der Frau des Uria. Mt 1,6 Luther

Salomon war das zweite Kind von Batsheba und David. Bei seiner Geburt war Batsheba längst die Frau Davids. Der erste Sohn Batshebas und Davids war hingegen schwerkrank und starb. David war untröstlich, denn er war sich bewusst, dass Gott sein Verhalten missbilligt hatte (2Sam 12,14). Erst der zweite Sohn Bathsebas namens Salomo wird dann später zum König. Salomo hat also nichts mit dem Ehebruch seines Vaters zu tun und seine Mutter ist zum Zeitpunkt der Geburt die rechtmäßige Ehefrau des Königs. Dennoch – und das macht mich hellhörig – nennt Matthäus sie »die Frau des Uria«. Matthäus erinnert an diese unrühmliche Geschichte, über die nie Gras wachsen darf. Denn der König hat aus Eigennutz seinen tapferen Offizier in den Tod geschickt.

Matthäus bewahrt auf diese Weise ein Stück Widerstand innerhalb der Genealogie Davids. David hat Schuld auf sich geladen und diese Schuld bekannt, sie bitter bereut und den zweiten Sohn aus dieser Verbindung »Jedidja« genannt, Gottes Liebling. Doch für Matthäus ist Batsheba noch immer die Frau des Uria.

Bathseba erweist sich als Königsfrau zielstrebig. Sie kann sich auf dem politisch heiklen Parkett bewegen. Denn David hatte sehr viele Ehefrauen und sehr viele Söhne, die als Nachfolger zur Auswahl standen. Als David alt geworden ist, entstehen intensive Nachfolgekämpfe. Batsheba bespricht sich mit Nathan, dem

Propheten und Vertrauten Davids. Sie scheint einen guten Draht zu ihm zu haben. Er gibt ihr den Rat, sich für ihren Sohn Salomo einzusetzen. Er weiß, dass der König geschworen hat, den zweiten Sohn Batshebas zum König zu machen (1Kön 1,13). Nathan ist der Drahtzieher im Hintergrund und schickt Batsheba vor. Sie geht zu David und erinnert ihn an seinen Schwur und damit an seinen Fehltritt und den Schmerz um ihren Erstgeborenen. In diesem Moment kommt Nathan »zufällig« dazu und bekräftigt den einst geleisteten Schwur Davids. Der König muss zu seinem Wort stehen, um nicht erneut Schuld auf sich zu laden, und ernennt Salomo zu seinem Nachfolger.

Batsheba wird damit zur mächtigsten Frau im Reich. Die Königsmutter kann ihren Sohn vertreten und hat viele Befugnisse auf rechtlicher Ebene. Wenn ein anderer Sohn Nachfolger geworden wäre, wäre es für sie und Salomo eng geworden. Denn die Nachfolger räumen im Königshaus meist energisch auf, um sich den Rücken frei zu halten. Der Sohn Batshebas gewinnt also diesen Kampf, indem David an sein Schwur erinnert wird. Sie hat durch die gemeinsame Erfahrung des Verlustes ihres ersten Sohnes gewissermaßen ein Pfand in der Hand, das sie nun einsetzen kann – um des Überlebens willen. »Die Frau des Uria« beweist bis zuletzt, dass sie nicht irgendeine Prinzessin oder Adelstochter war, die aus diplomatischen oder militärischen Gründen von ihrem Vater dem König in die Ehe gegeben worden war. Wie Tamar ihren Schwiegervater an seine Pflicht ihr gegenüber erinnern muss, wie Rahab an die Treue der beiden Kundschafter appelliert, und Rut Boas deutlich machen muss, dass er sie heiraten sollte, so pocht Batsheba auf das Versprechen, den Schwur, den David ihr und ihrem Sohn geleistet hatte.

8. Der rote Faden

Jane Schaberg hat die Kindheitsgeschichten Jesu der Evangelien Mt und Lk untersucht.[12] Ihre These ist: Sowohl Mt 1,1-17 wie Lk 1,20-56 berichten über eine *voreheliche* und nicht über eine jungfräuliche Empfängnis der Maria. In beiden Berichten bleibt der biologische Vater Jesu ungenannt, erst die Adoption durch Joseph gliedert das Kind in die Abstammung Davids ein. Beide Evangelien geben dem Glauben Ausdruck, dass trotz seiner menschlich gesehen schwierigen Ausgangslage Jesus ein Kind Gottes ist. Beide reihen mit dieser Deutung der Abstammung Jesu seine Geburt in die eschatologische Hoffnung ein, dass die Letzten die Ersten werden und die Ansprüche, die sich auf patriarchale Rechte und Vorherrschaft gründen, außer Geltung treten.[13] Erst spätere Interpretationsinteressen haben nach Schaberg eine jungfräuliche Empfängnis konstruiert. Dies geschah auch in Abgrenzung zu den jüdischen Gemeinden und enthält eine Spitze gegen freier gelebte Sexualität überhaupt.

Schaberg unterlegt ihre These auch mit ihrer Interpretation der vier Stamm-Mütter. Warum, so fragt sie, wählte Matthäus gerade diese vier Frauen für den Stammbaum aus? Die vier Frauen haben Gemeinsamkeiten:

12 Jane Schaberg, The Illegitimacy of Jesus: A Feminist Theological Interpretation of the Infancy Narratives. San Francisco 1987.

13 Schottroff nimmt Schabergs These positiv auf: »Das Buch von Schaberg hat entscheidende neue Einsichten gebracht: durch die Einbeziehung von Vergewaltigung bzw. Verführung als Möglichkeit im Sinne der NT Texte über Maria und durch Einzeichnung des Zusammenhangs der fünf Frauen durch ihre Position in einer patriarchalen Gesellschaftsordnung ... Allerdings ordnet sie den Befund nicht sozialgeschichtlich ein.« Luise Schottroff, Der Anfang des Neuen Testaments, 53.

- Alle vier Frauen befinden sich außerhalb der patriarchal geordneten Familienstruktur. Tamar und Rut sind sohneslose Witwen, Rahab eine Herbergswirtin/Prostituierte und Batsheba eine Ehebrecherin.

- Allen vieren ist von der Männern Unrecht oder Schaden zugefügt worden. Das Matthäusevangelium besitzt also ein Empfinden darüber, dass die Gesellschaft patriarchal geordnet ist und dass dies Ursache für das Leiden von Frauen sein kann.

- Die vier Frauen riskieren mit ihrer sexuellen Aktivität die Zerstörung der sozialen Ordnung und damit ihren eigenen Untergang: Tamar wird zum Feuertod verurteilt, Rahabs Kollaboration könnte zu ihrem Tod führen, Ruts Initiative könnte sie ins Elend bringen (allein mit einer alten Frau in einem fremden Land und ihre Initiative Boas gegenüber könnten sie zum leichten Opfer machen); der Frau des Uria haftet der Ehebruch, der Tod ihres Mannes und der Verlust ihres Erstgeborenen an.

Die Situation der Frauen wird dadurch wieder erträglich, dass Männer ihre Schuld anerkennen und die Verantwortung wahrnehmen, die sie gegenüber den Frauen haben: Juda muss sein Versäumnis zugeben, dass er seinen Sohn der Tamar hätte geben sollen; die beiden Spione in Jericho müssen ihre Treue Rahabs gegenüber unter Beweis stellen; Boas übernimmt seine Verantwortung als Levir für Rut und Noomi; David muss zu seiner Geschichte stehen und den Sohn Batshebas zum Nachfolger machen.

Diese Gemeinsamkeiten bilden einen roten Faden durch die männerzentrierte Genealogie und führen zu Joseph, dem Mann

Marias. Von Maria erfahren wir bei Matthäus sehr wenig. Die vier Stamm-Mütter bilden aber den Schatten Marias, so dass wir etwas von ihrer Kontur erahnen können. Maria wird in eine Reihe gestellt mit Tamar, Rahab, Rut und Batsheba. Ihre verborgene Geschichte wird durch diejenigen der Stammmütter konfiguriert. Diese Frauen sind nicht durch Abstammung miteinander verwandt. Sie werden auch nicht durch eine Eheschließung in diesen Stammbaum integriert. Aber sie sind Schwestern im Ringen um ein besseres Leben. Sie bringen ihre Werte von Liebe, Treue, Freundschaft und die Kraft Gottes in den Stammbaum hinein. Sie zeichnen eine weibliche Genealogie als »Gegentext«, der weder durch Blutsverwandtschaft noch patriarchales Recht, sondern im gemeinsamen Einsatz für Gerechtigkeit entsteht.

Mit dieser feministischen Interpretation haben wir uns weit von der androzentrischen und konservativen Lektüre entfernt. Lange Zeit wurden die vier Mütter im Stammbaum als Gegenbeispiele für die reine Jungfrau Maria gelesen. So hält z.B. Sand[14] die vier Stammmütter insgesamt für »heidnische und sündige Frauen«. Sie würden nur erwähnt, damit offenbar werde, dass Maria am Ende einer sündigen Tradition als sündlose Frau stehe. Sand operiert also mit dem dogmatischen Gedanken von Sünde, der weder in der Genealogie des Matthäus, noch in den vier Geschichten der Stammmütter auftaucht. Das Ausspielen der reinen Maria gegen die »sündigen«, jüdischen, sexuell aktiven Frauen ist ein altes, frauenverachtendes Muster, das bis in die Gegenwart übernommen wird.

Es gibt aber keinen einzigen Hinweis, dass wir Maria gegen die Stammmütter lesen sollten. Im Gegenteil: Auch Marias Ge-

14 Alexander Sand, Das Evangelium nach Matthäus. Regensburg 1986.

schichte hat mit Unrecht zu tun, sei es mit einem sexuellen Übergriff auf Maria oder mit einer sexuellen Aktivität Marias, die ihr gefährlich wurde. Die Geburt ihres Kindes und seine Adoption in den Stammbaum Josephs verschaffen ihr aber Recht. In allen Geschichten fehlt Gottes direktes Eingreifen, um die Geschädigten zu retten. Die Frauen handeln ohne göttlichen Auftrag, dennoch aber mit Gott. Sie tun, was sie müssen. Gerade das ist ein bedeutender Zug der Theologie des Matthäus: Gott wird in diesem rettenden Handeln nur indirekt als ein Partei ergreifender Gott sichtbar, ganz auf der Seite derer, die um ihr Recht streiten müssen. Matthäus bereitet so auf den Kreuzestod des Messias vor: Kein Gott von außen, der die Geschichte lenkt, greift ein. Aber später stellt sich für die, die Ohren und Augen haben, heraus, dass Gottes Kraft den Tod besiegt hat. So gehört auch die Auferstehung in den Gegenzusammenhang des Evangeliums, in die kulturkritische und politisch gefährliche Botschaft hinein.

9. Noch eine Stimme

Maria ist als Verlobte schwanger gewesen (Mt 1,18). Bevor sie ins Haus des Joseph zog, noch ehe die Beiden zusammenkamen, war sie schwanger. Die Reaktion Josephs macht deutlich, dass er sich nicht für die Schwangerschaft Marias verantwortlich hält. Er fühlt sich im Recht, die Verlobung zu lösen. Unklar ist, wie weit die Schwangerschaft zu diesem Zeitpunkt schon fortgeschritten war. Hat ihm Maria berichtet, dass sie ein Kind erwartet? Oder waren es NachbarInnen oder Verwandte Josephs, die ihn »aufklärten«?

Oder hat Joseph es selber gemerkt? Auf jeden Fall kann er jetzt nicht mehr gut schlafen. Er überlegt hin und her, ob er Maria vor allen Augen bloß stellen soll oder ob er sie heimlich entlassen soll. Doch hier taucht ein Bote Gottes auf, der dies verhindert:

Als er dies bei sich erwog, da erschien ihm ein Engel Adonajs im Traum und sprach: »Josef, Nachkomme Davids, scheue dich nicht, deine Frau Maria zu dir zu nehmen. Das Kind, mit dem sie schwanger ist, kommt von der heiligen Geistkraft.« Mt 1,20 BigS

Eine Engelsstimme erinnert Joseph daran, dass Maria seine Frau ist (Mt 1,20). Sie nuanciert ihre Botschaft nicht hinsichtlich einer Verlobung oder einer zukünftigen Ehefrau, sondern stellt Joseph in die Verantwortung: Maria ist seine Frau. Also soll er sie zu sich holen, wie es abgemacht war. Nach etwa einem Jahr Verlobungszeit, die die Verlobten noch getrennt verbrachten, was es üblich, die Braut heimzuholen. Allerdings war es im jüdischen Leben häufig auch der Fall, dass der Verlobte ins Haus der Verlobten, also zu seinen Schwiegereltern zog. Auf jeden Fall, die Engelsstimme ermahnt Joseph, bei seinem Versprechen zu bleiben.

Das Kind, das in ihr wächst, sei *ek pneumatos hagiou* – aus der heiligen Geistkraft. Was wurde nicht alles in diese Formulierung hineingelesen! Halten wir fest: Die nächtliche Stimme spricht nicht von jungfräulicher Zeugung – oder wie Schottroff sagt: »Der Text deutet auch nicht eine vaterlose Geburt an. Er setzt eine normale Zeugung voraus.«[15] Ich lese die Worte der Engelsstimme

15 Schottroff a.a.O. 71. Im Lukasevangelium wird ein anderer Akzent gesetzt. Maria sagt dort: »Ich weiß von keinem Mann.« (Lk 1,34). Doch wie immer sollten wir verschiedene Erzählungen nicht vermischen.

so: Die Schwangerschaft Marias steht unter einem guten Stern, trotz der unsicheren Umstände, trotz einer nicht weiter benannten Bedrohung. Der heilige Geist hält seine Hand schützend über sie – das wären Metaphern, die wir auch heute verstehen würden. Dafür brauchen wir keine biologisch-jungfräuliche Zeugung zu konstruieren.

Schaberg legt die Vermutung nahe, dass Maria vergewaltigt wurde – vielleicht durch Soldaten, da in dieser Zeit viele römische Soldaten im Land stationiert waren. Auch wenn dies letztlich exegetisch nicht zu beweisen ist, macht ihre Vermutung auf Schicksale von Frauen und Mädchen aufmerksam, die in großer Not und im Versteckten schwanger gehen mussten. Das Matthäusevangelium lässt Marias Geschichte im Unausgesprochenen. Die vier Stamm-Mütter aber erinnern daran, dass vieles krumm läuft. Joseph soll zu seiner Verantwortung stehen, seine Frau zu sich zu holen. Marias Schwangerschaft war für den Engel kein Hinderungsgrund dafür. Joseph steht daraufhin zu seiner jungen Frau, zu dem Eheversprechen, das er gegeben hatte, und adoptiert das Kind, das Maria gebären wird.

Während in Lk 1,46-55 Maria ihre Stimme erhebt und als Prophetin der Armen zusammen mit Elisabeth eine Vision der Befreiung entwirft, erhält die Maria im Matthäusevangelium keinen eigenen Text. Aber die Engelsstimme, die in der Nacht zu Joseph spricht, appelliert nicht nur an sein Eheversprechen, sondern zitiert aus dem Buch Jesaja:

Seht, die junge Frau wird schwanger werden und einen Sohn gebären und sie werden ihn beim Namen Immanuel rufen, das bedeutet: Gott ist mit uns. Mt 1,23 BigS

Dies ist ein Zitat aus Jesaja 7,14. Im hebräischen Text steht *alma* für »junge Frau«. Gemeint ist damit eine junge Frau[16]. Im griechischen Text des Matthäus steht in diesem Jesaja-Zitat der Ausdruck *parthenos*. Damit ist aber nur gesagt, dass das junge Mädchen, als es schwanger wurde, noch nicht Ehefrau war. Es war unverheiratet, ledig. Über seine sexuelle Erfahrungen ist damit nichts gesagt. Eine *parthenos* war wie ihr männliches Pendant, der *neaniskos* (Jüngling, junger Mann, wörtlich: ein Neuling) erwachsen, damals: mindestens zwölfjährig, aber noch keine Ehefrau. *Parthenos* ist in diesem Sinn eine soziale Bezeichnung, nicht eine biologische.

Doch neben diesen kirchengeschichtlich und dogmatisch relevanten Fragen der Jungfräulichkeit Marias sollten wir den politischen Inhalt des Jesaja-Zitats nicht übergehen: Jesaja richtete seine Worte an den König in Judäa. Damals herrschte Krieg und alle befürchteten den Untergang. Denn gleich zwei benachbarte Könige wollten mit ihren Heeren nach Jerusalem hinaufziehen, um den König zu stürzen und einen ihnen genehmen König einzusetzen. Jesajas Botschaft war, dass dieses militärische Vorhaben nicht gelingen wird. Das bedrohte Land wird nicht untergehen und Jerusalem wird von seinen Feinden befreit werden. Die Bevölkerung wird aufatmen und die jungen Frauen werden Kinder bekommen. Ihre Männer werden vom Krieg heimkehren! Dann wird Frieden wachsen und Kinder werden heranwachsen. In dieser Zeit wird ein neuer Herrscher aufstehen, der Recht und Gerechtigkeit ernst nehmen wird (Jes 9,1-6).

16 Im Kapitel 5 (unter Punkt 6) gehe ich des Näheren auf die hebräischen Ausdrücke und die Übersetzung mit »Jungfrau«, resp. »junge Frau« ein.

So ist die Botschaft des Propheten eine Ermutigung ohne gleichen. Der Krieg wird aufhören und die Soldaten werden abziehen. Die jungen Frauen werden Kinder gebären und das Land wird jubeln. Diese Ermutigung brauchte die jüdische Bevölkerung zur Zeit des Matthäusevangeliums, denn der Druck auf sie war groß. Der jüdisch-römische Krieg hatte in die Zerstörung Jerusalems geführt und zu Tausenden Toten. Nur etwa zwanzig Jahre waren seither vergangen. Für die Generation des Matthäusevangeliums war es wichtig, am Leben festzuhalten und sich nicht irre machen zu lassen.

Der Engel im Traum stellt die Schwangerschaft Marias in die richtigen Relationen. Der Schatten des Krieges liegt noch auf der Bevölkerung, aber Neues kündigt sich an:

»Josef, Nachkomme Davids, scheue dich nicht, deine Frau Maria zu dir zu nehmen. Das Kind, mit dem sie schwanger ist, kommt von der heiligen Geistkraft. Sie wird einen Sohn gebären, und du sollst ihm den Namen Jesus geben. Denn er wird sein Volk von seinen Übertretungen der Gebote Gottes retten. Das ist alles geschehen, damit sich erfüllt, was Adonai durch den Propheten so gesagt hat: Seht, die junge Frau wird schwanger werden und einen Sohn gebären und sie werden ihn beim Namen Immanuel rufen, das bedeutet: Gott ist mit uns.« Mt 1,20-23 BigS

Der Engel fordert Joseph als Nachkommen Davids auf, Maria und das Volk zusammenzudenken. Maria hofft wie die ganze jüdische Bevölkerung auf Gerechtigkeit, auf einen gerechten König wie David es war. Denn die Könige, die von Roms Gnaden eingesetzt waren, traten die Gerechtigkeit mit den Füßen. Wenn Joseph seine Braut entlassen würde, würde er sie mit ihrem Kind ins Unglück stürzen. Joseph erhält als Nachkomme Davids den prophetischen Auftrag, Maria als seine Frau zu sich zu nehmen. Joseph soll sein Eheversprechen einlösen, dann wird er sich als Nachkomme Davids treu bleiben. In der Davidgeschichte geht es – verkürzt gesagt – um die Gerechtigkeit den Menschen gegenüber, der Bevölkerung gegenüber, die ein Recht auf Brot und Respekt haben[17]. Der Engel ermutigt Joseph, die Zuwendung Gottes, die den Armen gilt, auszuüben, jetzt wahrzunehmen. Joseph wird genau so handeln, der Gerechtigkeit entsprechend, die er aus den Schriften und der jüdischen Barmherzigkeitspraxis kennen gelernt hat. Er tut Gerechtigkeit, wenn er seinem Eheversprechen treu bleibt und die Geschichte seiner Verlobten auf dem Hintergrund der gedemütigten jüdischen Bevölkerung liest (Mt 1,19).

Matthäus zeigt, dass es neben oder hinter der patriarchalen Geschichte Israels auch eine Geschichte der Veränderung durch die Mütter gibt. Es gibt nicht nur den rechtschaffenen Joseph, sondern auch den Joseph, der gerecht handeln wollte und sich verwandeln ließ. So wie Juda einsah, dass er Tamar gegenüber im Unrecht war, wie David einsah, dass er auf Batsheba hören sollte, und Rahab sich das Recht erworben hatte, geachtet zu werden. Der Engel ist die Kraft, die Joseph nachdenken ließ.

Maria aber sagt im Matthäusevangelium nichts. Sie ergreift nicht das Wort, streitet nicht um ihr Recht, enthüllt nicht, was ihr widerfahren war, betet nicht ergreifend und klagt auch Gott nicht an. Sie bleibt still – und das macht mir Mühe. Denn auf sie lässt

17 Zu den Davidpsalmen siehe Klara Butting, Erbärmliche Zeiten – Zeit des Erbarmens. Theologie und Spiritualität der Psalmen. Uelzen 2013, 42f.

sich viel projizieren, ganz wie es uns gefällt. Ich habe irgendwie das Gefühl, Matthäus und ich hätten lange miteinander gerungen. Immer wieder wollte ich Maria herausheben aus dem Dunkel, das sie umgibt – immer wieder entwand mir Matthäus, was ich glaubte in Händen zu halten. Ich muss mich entscheiden. Entweder wende ich mich von dem Matthäus ab, der mir einfach nicht gibt, was ich will, oder ich sehe genauer auf das, was er mir geben will.

Matthäus

noch nie habe ich dich geliebt
schwerfällig und breitspurig
verdeckst du gerade die Spuren,
die ich suche.
Wohin willst du mich führen?
In eine androzentrische kleine Welt,
voller Gesetze und Grenzen,
in der für mich und die Meinen
kaum Luft und Raum übrig bleibt?

Wie lange dauert dieser Kampf schon,
Jahrhunderte, Ewigkeiten –
ich bin müde geworden, Matthäus,
so lass mich endlich
in Frieden
ich brauche weder Ochs noch Esel
auch keine Krippe
aber Wärme, ein Licht!

Da zeichnet sich eine Szene
langsam
aus dem Dunkel steigen Menschen,
Frauen zuerst und ihre Männer –
Stimmen singen dem Kind
Maria geht hin und her,
steht nicht still
ist überall in der Mitte.

Nun entdecke ich eine lebendige Gruppe um Maria, eine Gruppe von Menschen, die sich um sie und das Kind kümmert und so die Hoffnung auf die Nähe Gottes verkörpert: Frauen wie die Stammmütter, ihr Ehemann Joseph, Menschen mit Stimmen von Engeln, Propheten und die große Mutter Rahel, die um ihre Kinder weint (Mt 2,18). So wie Maria durch die Mütter charakterisiert wird, so wie um sie herum ein Gegentext entsteht, so wird sie mehr und mehr in einen Kontext der Freundschaft und in eine Familie eingebunden, die nicht nach patriarchalen Verwandtschaftsgesetzen entstanden ist. Ist das die Davidlinie, um die es geht? Noch immer höre ich sie nicht sprechen. Doch um sie herum beginnt sich eine Gruppe zu organisieren. Maria scheint mir nicht die Stimmführerin gewesen zu sein, überhaupt keine Anführerin. Das Stilisieren eines Vorbildes, einer Leader-Figur, die um sich herum »Jünger«, »Schüler«, »Fans« oder was auch immer sammelt, scheint mit Maria nicht zu funktionieren. So komme ich dazu, um Maria herum ein anderes Prinzip zu entdecken als das gewohnte »Helden-« oder »Vorbildmuster«. Ich sehe eine gleichsam demokratische Kraft von ihr ausgehen oder um sie herum wirken, die viele und vieles bewegt – die Kraft der heiligen Geistin?

So wäre es also gar nicht »Matthäus«, der mir die Sicht verstellt, sondern meine Perspektive, die in bestimmten Mustern sucht und darum nicht sieht, was da ist? Dann hätte ich also endlich doch von Matthäus gelernt. Aber – gab es ihn je, den Autor Matthäus?[18] Ist sein Evangelium nicht vielmehr eine Sammlung von Stimmen, Perspektiven, Erinnerungen vieler Menschen um Maria herum? Diese herauszuarbeiten ist mehr als eine exegetische Arbeit. Es ist eine spirituelle Aufgabe, zu der Matthäus mit seinem Gleichnis (Mt 13,47-48) von den Fischern und Fischerinnen einlädt. Sie prüfen den reichen Fang aus dem lebendigen Meer und sammeln, was nährt. Darauf allein kommt es an.

18 Wer das Matthäusevangelium oder die anderen Evangelien geschrieben hat, ist bis heute eine offene Frage. Die Evangelien nennen selber keinen Autor. Sie scheinen einer viel komplexeren, bunteren Traditionsgeschichte zu entstammen als je einem männlichen Autor. Schottroff geht davon aus, dass der Text des Matthäusevangeliums von mehreren Menschen stammt, von Frauen und Männern, die in messianischen Gemeinden zusammenlebten. Siehe: Luise Schottroff, Der Anfang des Neuen Testaments, 13 (Anm. 1).

5
Ein radikaler Anfang!
Lk 1,5-55

1. Ankommen

Wir kennen den Anfang des Lukasevangeliums als »Adventsgeschichte.« *Advenire* (lateinisch) heißt ankommen. Doch was kommt eigentlich an? Ist es das kleine Kind, der Sohn Marias? Aber auch Elisabet gebiert einen Sohn. Dann kommen also zwei Söhne auf wunderbare Weise an? Ja, abgesehen davon, dass sicher noch ganz viele andere Frauen in dieser Zeit schwanger waren. Geht es um die neue Zeit, die anbricht? Doch was für eine Zeit ist das genau? Welche Zukunft beginnt mit dieser Zeit?

Im Folgenden möchte ich die Hoffnungen, Utopien und Visionen zeigen, die in Lk 1,5-55 stecken. Eine radikal neue Zeit bricht hier an, eine Zeit, in der Gott nahe ist, Frauen sich verbinden, Männer schweigsam werden oder zu singen beginnen. Es geht in diesen Versen um die Sehnsucht des einfachen Volkes, die für einmal erfüllt wird. Meine Interpretation geht davon aus, dass der Anfang des Lukasevangeliums apokalyptisch ist; denn er will enthüllen, will der alten, ungerechten Zeit das Ende ansagen und zeigen, was jetzt keimt und möglich ist. Die Nähe einer neuen Zeit erklingt wie ein Lied, das wir mitsummen können, sobald wir es einmal gehört haben – gesungen wird es von den tiefen, hellen, brüchigen Stimmen Zacharias', Marias und Elisabets.

Ich behaupte nicht, dass meine Lesart der Texte die allein richtige ist. Aber sie ist eine mögliche Interpretation, eine, die den Faden der feministischen und anti-patriarchalen Bewegungen von den christlichen Anfängen bis heute aufnimmt. Diese Anfänge sind zu einer Zeit geschrieben worden, als die jüdische Gemeinschaft und die neu entstehende christliche Bewegung noch nicht voneinander geschieden waren. Darum ist jede antijudaistische Lektüre der christlichen Anfänge historisch falsch. Das Christentum beginnt nicht mit einer Bruch-Situation und nicht im Moment eines schwachen, hinfälligen Judentums, wie es der Begriff »Spätjudentum« etwa suggeriert. Vielmehr war die religiöse Situation eine quirlig-lebendige, ein Suchen nach Hoffnung und Erlösung, da der politische Druck auf die jüdische Bevölkerung im römischen Reich beinahe unerträglich war.

Das Lukasevangelium entstand zehn bis zwanzig Jahre nach dem Fall Jerusalems um 70 n. Chr. Es ist damit ein wenig jünger als das Markusevangelium, das unmittelbar nach dem Fall entstanden war. Im Markusevangelium wird um jedes Wort gerungen, das in dieser Situation noch tragen könnte. Es ist Nachkriegsliteratur und in weiten Teilen auch Traumaliteratur. Das Lukasevangelium hat bereits ein wenig Abstand zu dieser Katastrophe und damit etwas Luft gewonnen. Sein Erzählfaden verläuft ungebrochen, fließend. Es enthält schwere Erinnerungen an Gewalt und Krieg, es ist keineswegs alles gut und sicher keine heile Welt. Denn die jüdische Bevölkerung litt unter den Folgen des Krieges, der zwischen 66-70 ihr Land heimgesucht hatte. Die völlige Zerstörung Jerusalems war auch ein wirtschaftlicher Todesstoß für die gesamte Region. Die Stadt durfte nicht mehr mit einer Stadtmauer gesichert werden. Sie blieb noch Jahrhunderte ungeschützt und eine offene Wunde. Aus dieser unguten Situation heraus kam es dann um 131-135 zu einem weiteren jüdischen Aufstand gegen Rom.

Das Lukasevangelium entstand also in der Nachkriegs- oder der Zwischenkriegszeit. In diesen schwierigen Jahren spinnt das Lukasevangelium einen Erzählfaden, der bei einem stillen, alten Ehepaar und bei einem jungen Mädchen beginnt. In dieser Zeit, in der so Vieles zerbrochen war, setzt das Evangelium nicht auf einen starken Mann – sondern auf zartes heranwachsendes Leben, auf Frauen und ein Kind in der Krippe (Lk 2,7).

Doch damit greife ich voraus. Denn hier (Lk 1,5-55) geht es ja noch nicht um die Geburt Jesu, sondern um die Schwangerschaften Elisabets und Marias. Wenn ich mich auf jüdische Traditionen beziehe und vor antijudaistischen Interpretationen warne, wenn ich die exegetischen Erkenntnisse gegenkultureller und feministischer Bewegung aufnehme, dann hat das bereits mit Lk 1,1-4 zu tun. Denn auch Lukas knüpft an Diskussionen an, wenn er von den »vielen« (1,1) spricht, die diese Ereignisse schon erzählt haben. Er knüpft an diejenigen an, die von Anfang an dabei gewesen sind, und an DienerInnen des Wortes (1,2). Damit stellt er sich in eine Reihe von TraditionsträgerInnen, gleichzeitig beruft er sich auf AugenzeugInnen, die er kennt, und verschafft sich so innerhalb des Traditionsprozesses Gewicht.

Auch ich möchte »diese Ereignisse« (Lk 1,1) erzählen, indem ich mich einerseits in eine Reihe von Traditionen stelle, andererseits »meine« AugenzeugInnen habe, das heißt historische und gegenwärtige Quellen, die in den herkömmlichen Erzählungen zu wenig oder gar nicht berücksichtigt wurden. Ja, ich kenne sogar einige AugenzeugInnen, OhrenzeugInnen, mich eingeschlossen, die ihre Erfahrungen mit »diesen Ereignissen« gemacht haben. Es sind Erfahrungen mit dem einen Machtsystem – das auf verschiedenen Ebenen ähnlich funktioniert – das nach seinen Bedingungen Machtanteile vergibt: Arme erhalten keine; Alte, Behinderte, Farbige müssen Glück (meistens Geld) haben, um Anteile zu bekommen. Frauen und Mädchen können eventuell welche erwerben. Langsame, Andersdenkende, Dünnhäutige – wenn kombiniert mit oben genannten Minuspunkten – müssen sich anpassen. Flüchtende und Vertriebene werden vom System ferngehalten oder an den untersten Rand gedrückt. Das sind nur einige Bedingungen, deren Zeugin ich bin.

Aber ich habe auch Erfahrungen mit Freundschaft, mit begeisternder Kraft, die ich von Frauen, Kindern, Männern und von binären Personen geschenkt bekommen habe und die ansteckend wirkt. So viele Menschen setzen sich für Bürgerrechte und Menschenrechte ein, weltweit gibt es Bewegungen, die versuchen, den CO2-Ausstoß zu verkleinern und nachhaltiger zu leben. Und was diejenigen betrifft, die dem Worte Gottes dienen (Lk 1,2): Es gibt einige »Dienerinnen des Wortes«, die die Schriften genau lesen und prüfen. Sie tragen Staubschichten androzentrischer Wirklichkeitskonstruktionen ab. Sie knüpfen abgerissene Fäden von Geschichten zusammen. Sie erklären Zusammenhänge, weil sie Ausflüge in die Hintergründe und Umfelder gemacht haben. So wie Elisabet »Stimmen« zitierte (Lk 1,25) und sich mit ihnen in eine Tradition einreihte, so nehme auch ich Stimmen auf und reihe mich in diese feministische, befreiungstheologische Lesart ein.

In Lk 1,25-55 hören wir Frauen sprechen, singen, prophezeien und frohlocken. Wir erfahren die innersten Hoffnungen einer alten Frau und einer ganz jungen. Einige sehr alte Handschriften bezeugen, dass ab 1,46f Elisabet singt statt Maria:

Meine Seele lobt die Lebendige,
47 und mein Geist jubelt über Gott, die mich rettet.
48 Sie hat auf die Erniedrigung ihrer Sklavin geschaut. Seht, von nun an
werden mich alle Generationen glücklich preisen, 49 denn Großes hat die
göttliche Macht an mir getan,
und heilig ist ihr Name. Lk 1,46f BigS

Das würde bedeuten, dass das Magnifikat aus dem Mund der Elisabet stammen würde. Denn dass die unfruchtbare Elisabet Erniedrigung kennt, ist zur Zeit dieser alten Handschriften verständlich. Somit wäre Elisabet die Prophetin des Zeitenwandels. Das finde ich auch eine berührende Möglichkeit. Welche handschriftliche Lesart die Richtige ist, muss ich nicht entscheiden. Mir gefällt es, dass sowohl die junge Maria wie auch die alte Elisabet als Autorinnen gesehen werden können.[1] Ihre Freundschaft und gemeinsame Zeit legte ihnen dieses Lied in den Mund. Jedenfalls sollten wir aufhören, die junge Frau gegen die alte auszuspielen und damit die Christin gegen die Jüdin, die Jungfrau gegen die Verheiratete. Das sind unheilvolle Muster der Rivalität und Feindschaft zwi-

1 So auch Claudia Janssen, Elisabet und Hanna: Zwei widerständige alte Frauen in neutestamentlicher Zeit: Eine sozialgeschichtliche Untersuchung, Mainz 1998.

schen Generationen, Religionen und Frauen. Das Lukasevangelium betont hingegen die Verbundenheit der beiden und nennt sie »Verwandte«. Beide sind jüdisch zu einer Zeit, in der die Juden in Erniedrigung leben mussten. Beide erlebten die Nähe Gottes. Davon erzählen und singen sie. Vielleicht ist es am wahrsten, wenn wir sie gemeinsam singen lassen.

2. In den Tagen des Herodes

Doch beginnen wir zuvorderst, in den Tagen des Herodes. Noch ist es nicht Zeit, zu singen:

Es geschah in den Tagen des Herodes, als er König von Judäa war. Lk 1,5 BigS

Herodes der Große (37 – 4 v. Chr.) gehörte zum Geschlecht der Herodianer, die damals in der römischen Provinz Palästina regierten. Die Herodianer waren nur dank der Unterstützung Roms an die Macht gekommen und auch der Große Herodes blieb ein kleiner Vasallenkönig von Roms Gnaden. Er erwies sich aber als derart gewiefter Steuereintreiber, dass er immer mehr Rechte ersteigern und seine Macht ausbauen konnte. So wurde aus dem kleinen Verwalter über Galiläa bald der König über Judäa.

Nach seinem Tod kam es zu heftigen Unruhen, da die Bevölkerung unbedingt verhindern wollte, dass seine Söhne an die Macht kamen. Davon weiß auch der römische Schriftsteller Tacitus, wenn er von Unruhen in der Provinzen Syrien und Judäa schreibt:

»Um dieselbe Zeit entstanden nach dem Tod der Könige ... Unruhen unter diesen Völkern ... Auch baten die durch Lasten erschöpften Provinzen Syrien und Judäa um Minderung des Tributs.« Ann 2, 42[2]

Der Aufstand in Jerusalem wurde jedoch von Rom brutal niedergeschlagen. Das hat die Weichen für zukünftige Aufstände gestellt:

»... dessen brutale Unterdrückung durch die Römer wird ein kollektives soziales Trauma hinterlassen haben: geplünderte und niedergebrannte Dörfer und durch die Römer abgeschlachtete oder versklavte Familienangehörige. Solche historischen Ereignisse und kulturellen Erinnerungen können nicht ohne Einfluss auf das tägliche Leben in Nazaret oder anderen galiläischen oder judäischen Dörfern gewesen sein.«[3]

Mit den Worten »In den Tagen ...« wird die Zeit charakterisiert, um die es im Folgenden geht. Es geht nicht um einen zeit- und kontextlosen Raum, in dem wie in einem Märchen oder einem Spielfilm Wunder möglich sind. Das Lukasevangelium ist in einer bestimmten Zeit geschrieben worden, es richtet sich an Menschen, die vom Krieg noch immer gezeichnet waren. Es erzählt von einer düsteren Zeit, in der der blutrünstige Herodes an der Macht war und alles immer nur noch schlimmer wurde.

2 Tacitus, Annalen. Deutsch von August Horneffer. Mit einer Einleitung von Joseph Vogt und Anmerkungen von Werner Schur. Stuttgart 1957.

3 Richard A. Horsley, Die Jesusbewegungen und die Erneuerung Israels. In: Ders. (Hg.), Die ersten Christen. Sozialgeschichte des Christentums. München 2007, 37-62, 42.

Herodes wurde von der jüdischen Bevölkerung gehasst, was auch in der Erzählung vom Kindermord in Bethlehem (Mt 2,1ff) zum Ausdruck kommt. Herodes und seine Söhne herrschten in großem Prunk und ließen Aufstände und Proteste blutig niederschlagen. Von den Tagen des Herodes zu sprechen, beschwört keine liebliche Vergangenheit, in der alles (oder zumindest vieles) gut gewesen war. Nein, es war eine Zeit, in der eigentlich nichts möglich war außer hart zu arbeiten und den Kopf tief zu beugen. Hunger hatte man trotzdem, die Schuldenberge wuchsen, das eigene Stückchen Land musste mit Kredit belehnt werden, damit man die Steuern und Abgaben bezahlen konnte. Die Tage des Herodes waren aber gezählt, erzählt das Lukasevangelium. Darauf hoffte die jüdische Bevölkerung.

Zwischenbemerkung: Welche Zeit haben wir eigentlich heute? In welchen Tagen leben wir? Welche Mächte bestimmen unsere Tage oder über unsere Tage, über die gegenwärtigen Entwicklungen? Was zählt für uns? Was gibt unserer Zeit einen Namen?

Nun führt Lukas weitere Zeitrechnungen ein. Der Priester Zacharias und seine Frau Elisabet, die aus priesterlichem Hause ist, werden gemeinsam genannt. Sie sind rechtschaffen und gottesgläubig, doch kinderlos bis ins hohe Alter (Lk 1,7). Das hohe Alter ist Ausdruck für die ablaufende biologische Uhr, die biographische Chronologie. Ihre Zeit neigte sich dem Ende entgegen.

Doch noch einmal wird Zacharias zum Priesterdienst bestimmt (1,9). Er hat während einer festgesetzten Zeit eine priesterliche Aufgabe am Tempel zu erfüllen, d.h. hier kommt nochmals eine andere Zeit ins Spiel: die rituelle Zeit. Wir würden sagen: die sich wiederholende Zeit des Kirchenjahres.

Und das ganze Volk betete draußen in der Stunde des Räucheropfers. Lk 1,10 BigS

Nun bestimmt Lukas auf die Stunde genau den Zeitpunkt, an dem offenbar eine Unterbrechung dieser Zeitrechnungen, Zeitabläufe, Zeitkreisläufe sich anbahnt. Die Stunde des Räucheropfers, der Augenblick der Erhörung der Gebete wird zur Stunde Null. »Jetzt« sind wir angekommen in der Gegenwart, jetzt sind wir in dem Moment angekommen, der durch einen Boten Gottes verändert werden wird.

3. In der Stunde der Räucheropfer

In der Stunde der Räucheropfer, als das ganze jüdische Volk zum Gebet zusammengekommen war, geschieht die Unterbrechung.

Zwischenbemerkung: Brauchte es das Gebet, damit Unterbrechung möglich wird? Wie unterbrechen wir denn unsere Zeitläufe? Ganz ketzerisch gefragt: ist der Stau auf der Straße auch eine Art Unterbrechung, eine gemeinsame Anstrengung, für einen Moment innezuhalten und auf bessere Zeiten zu hoffen? Nein, natürlich nicht. Da fehlt der gemeinsame Wille zu warten. Ist ein Sitzprotest oder ein Schweigemarsch mit einem Gebet vergleichbar? Ja, auch wenn nicht so klar ist, wer um Hilfe gebeten wird, so ist doch klar, was das Ziel des Protests ist. Große Menschenansammlungen, die gemeinsam schweigen oder beten, sind mir nur im Zusammenhang mit Beerdigungen bekannt. Vor allem mit solchen, in denen jemand wegen Gewalt zu Tode kam. Dann vermischen sich Trauer und Protest, dann wird immer klarer, dass etwas geändert werden muss. Solche Ansammlungen können zu Versammlungen werden, aus denen etwas Kraftvolles hervorgeht.

So wie es das Lukasevangelium erzählt, ist diese gemeinsame Anstrengung der ganzen jüdischen Bevölkerung ein Moment der Konzentration auf das, was dringend nötig ist. Dieser Moment ist grundlegend für alles, was folgt. Ich sehe darin eine Mitarbeit der jüdischen Bevölkerung, all derer, die hier beten, klagen, hoffen. Sie wiegen sich hin und her im gemeinsamen Singen und Murmeln. Die Gottheit Israels, die ihre Vorfahren aus dem Sklavenhaus Ägyptens geführt hat, soll hören, jetzt. Zacharias ist stellvertretend herausgegriffen aus dieser Menge. Seine Priesterfunktion, die an diesem Tag durch das Los bestimmt war, stellt ihn heraus, macht ihn zum Zeichen für das Schicksal des Volkes. Zacharias brachte das gemeinsame, von Sehnsucht und Tränen getränkte Gebet des ganzen Volkes vor Gott. Das war seine priesterliche Aufgabe.

Da erscheint plötzlich ein Gottesbote. Wie kann man Gottesboten sehen? Dazu sagt das Lukasevangelium nichts weiter. Deutlich aber wird es im Folgenden: Furcht ergreift Zacharias (Lk 1,12). Der alte Priester spürt die Bürde seiner Aufgabe, die Verantwortung, die er für alle in diesem besonderen Moment des Räucheropfers stellvertretend trägt. Plötzlich durchfährt es ihn: Das Gebet wird erhört. Jetzt, genau jetzt öffnet Gott seine Ohren und sein Herz für sein rufendes Volk. Kann dies denn sein? Kann es sein, dass sein Wirken als Priester etwas bewirkt? Hat Gott ihn erhört, seine täglichen Bitten, die Tränen seiner Frau während all dieser Zeit? Zacharias ist ergriffen und unsicher zugleich. Vielleicht bildet er sich das nur ein, weil er es so sehr erhofft? Und doch, es kann nicht anders sein: Es wird eine Zukunft geben. Die kinderlose Frau wird einen Sohn gebären. Zacharias hörte diese Botschaft als frohe Kunde für seine Frau Elisabet. Schon lange warteten sie auf einen Sohn. Ihre Kinderlosigkeit schmerzte sie beide.

Wir merken hier, dass sich die persönliche Hoffnung des kinderlosen Ehepaares in der Erzählung mit der kollektiven Hoffnung auf Leben und Zukunft der schwer gedemütigten jüdischen Bevölkerung verknüpft. Ich denke, dass es genau um diese Verknüpfung geht. Sie ist nicht nur erzählerisches Mittel. Die Bibel legt Wert darauf, die großen Verheißungen von Zukunft, Auferstehung und neuem Leben nach der Katastrophe im Leben von Einzelnen zu erden. Damit gilt denn auch das Umgekehrte: Wenn ein Mensch geheilt oder getröstet wird, ist dies der Beginn einer besseren, guten Zeit für alle anderen. Davon erzählen die Evangelien denn auch im Weiteren. Gott zeigt sich in den Begegnungen mit den Menschen, die aufatmen und aufstehen, weil sie Zuwendung erfahren.

Zacharias bringt stellvertretend die Gebete der Bevölkerung dar, er wird als Stellvertreter in der Erzählung des Lukasevangeliums eingeführt. Was ihm und seiner Frau widerfährt, geschieht stellvertretend, resp. hat Bedeutung für all die Vielen. Was er vor dem Altar erfährt, ist sein Geheimnis, betrifft sein Leben – und doch bedeutet es etwas Großes für alle, die mitgebetet und mitgehofft haben. Denn nur ihretwegen amtet Zacharias ja als Priester. Er bringt also nicht sein privates Gebet um einen Stammhalter vor Gott, sondern wirkt im Auftrag und in der Ermächtigung aller.

Darum kommt das Volk auch sofort wieder in den Blick. Die Engelsbotschaft zielt nicht nur auf das Haus des Zacharias, sondern hat Auswirkungen für alle, die hier beten:

Er wird dir Freude und Jubel sein und viele werden sich über seine Geburt freuen! Lk 1,14 BigS

Der Sohn ist nicht »Privatbesitz« für die bis anhin sohneslosen Eltern, sondern bewirkt Freude für viele. Sie alle haben ja einen neuen Anfang herbeigesehnt. Sie haben ein Zeichen für Gottes Nähe erbeten, eine Unterbrechung der Leidenszeit. Sie gehen jetzt nicht leer aus und nur der stellvertretende Priester hat ein Gebetserlebnis! Nein, das Zusammenwirken der Hoffenden und Klagenden mündet in gemeinsame Erleichterung. Wer zusammensteht in der Not, wird sich auch gemeinsam freuen. Die Botschaft des Engels ist klar: Was hier und jetzt geschieht, hat nicht nur mit Zacharias zu tun – aber auch. Seine Frau wird Mutter werden. Darüber werden sich viele freuen. Der Sohn wird die Herzen der Eltern zu den Kindern zurückbringen (Lk 1,17). Das heißt, Verbindungen werden geknüpft, neues Leben pulsiert, die Generationen kommen wieder zusammen, wenden sich einander zu, und das Volk, das am Boden liegt, richtet sich auf.

Zwischenbemerkung: Immer diese Sohnesgeschichten in der Bibel ... Wäre eine Tochter denn keine Verheißung für eine neue Zukunft gewesen? Das damalige Erbrecht beinhaltete, dass nur die Söhne eines Vaters Land besitzen und erben konnten. Weder seine Frau(en), noch seine Töchter wurden beerbt (s. die Töchter Zelofhads, die sich dieses Recht erstreiten, 4Mose 27,1-11). Ja, und genau darum geht es eben in vielen Sohnesgeschichten:

dass die Großfamilie, resp. das Volk Land haben wird. In einer Agrargesellschaft konnte man ohne Land nicht arbeiten, nicht essen, nicht leben. Man hatte keinen Lebensunterhalt und keinen Schutz. Darum nennt sich die Gottheit Israel immer wieder die Gottheit der Witwen, Waisen und der Fremden (siehe Kapitel 4.6). Denn die Menschen, die keinen festen Boden unter ihren Füßen hatten, sprich: kein Stückchen Land besaßen, waren der Willkür der Landbesitzer ausgeliefert. D.h. eine Familie brauchte einen Sohn, um ihr Land in der nächsten Generation behalten und bebauen zu können. Denn es geht immer auch darum, dass das bäuerliche Land nicht zerstückelt wird, weil eine Bewirtschaftung dann kaum mehr möglich ist. Bei den Sohnesverheißungen geht es immer um Land, um rechtliche Sicherheit, um Nahrung und einen Ort, wo man als Großfamilie leben kann.

Das heißt aber nicht, dass Töchter weniger geliebt wurden als Söhne. Man hätte einfach das Erbrecht ändern müssen, dann wäre es nicht auf das Geschlecht angekommen. Für mich bedeutet das, dass alle Bestrebungen um Frauenrechte und Gerechtigkeit für alle Menschen auch juristisch verankert werden müssen. Um so schmerzhafter ist es, wenn Diskriminierungen in das geltende Recht eingeschrieben werden. Aber Rechte müssen und können erkämpft, verändert und verbessert werden.

Nun, zurück zu Zacharias und dem angekündigten Sohn! Wenn wir ernstnehmen, dass ein Sohn mit Landbesitz und Erbe verbunden ist, dann wird es verständlich, warum die Geburt eines Sohnes für viele von Bedeutung war. Ein ersehnter Sohn sicherte für einen Familienverband, für eine Großfamilie, für alle, die auf dem Land Arbeit und Auskommen fanden, die nächste Zukunft. Das zeigt noch einmal, dass der angekündigte Sohn kein

Privatvergnügen für das alte Ehepaar sein sollte. In den Tagen des Herodes, also unter römischer Herrschaft, waren viele jüdische Menschen als Folge der Gewaltspirale und des jüdisch-römischen Krieges von ihrem Land vertrieben worden. Ihr Land gehörte nun anderen. Die Hoffnung auf Heimkehr, auf ein besseres Leben, auf das tägliche Brot und auf das gemeinsame Feiern des Leben drückt sich in dem angekündigten Sohn aus, der viele jubeln lassen wird.

4. Die Zeit der Stille

Nun kommt der Körper der Elisabet in den Blick. Er erhält eine Aufgabe: Er wird fruchtbar, lebenspendend und voll heiligen Geistes. Ihr Kind wird seit dem Uterus von heiligem Geist erfüllt sein (Lk 1,15). Die Mutter ist Ursprungsort des Lebens und Ort des heiligen Geistes. Die Mutter ist nicht nur der biologische Entstehungsort des neuen Lebens, sondern in ihr wirkt die Geistkraft. Das deutet an, was auch bei Maria der Fall sein wird, dass nämlich die theologische Gynäkologie anders tickt. Gott und die Geistkraft wehen, wo sie wollen, Biologie hin oder her. Wo sie wirken, wächst Zukunft. Die Geistkraft (hebr. *ruach*, feminin) ist Schöpferin des Lebens – kein Schoß ist zu alt, keiner zu jung, Menopause hin oder her, rechtmäßig verheiratet oder nicht, der Geist Gottes heiligt das neue Leben. Damit begeben wir uns aber nicht ins Reich der Märchen oder gar Abtreibungsgegner. Sondern wir bleiben in den bleiernen Tagen des Herodes. Gott und die Geistkraft sind die Kräfte, die Dynamik und Bewegung anstoßen. Sie öffnen Türe, zeigen Wege und stärken müde Knochen auch in diesen Zeiten.

Zwischenbemerkung: Ist damit eine Zeugung durch einen Mann aus- oder eingeschlossen? Handelt es sich um ein Wunder, das zwischen Gott und der werdenden Mutter Elisabet geschieht? Also schlicht: Ist Zacharias der biologische Vater von Johannes? Diese Frage wird uns auch bei Marias Schwangerschaft bezüglich Joseph beschäftigen. Doch eigentlich wäre sie hier genauso angebracht. Nur hat die Auslegung sich weniger dafür interessiert. Zacharias und Elisabet waren ja verheiratet und alt. Der Sohn der Elisabet war theologisch auch viel weniger spannend als der Sohn der Maria. Heute erscheint es mir müßig, auf diese Frage so viel Gewicht zu legen.

Folgen wir dem Text, so haben wir allerdings keinen Anlass, Zacharias aus der Zeugung auszugrenzen. Zacharias ist nicht nur der biologische Vater, sondern auch der soziale. Aber das Wunderbare ist, dass er einer jener Väter wird, deren Herz sich den Söhnen zuwendet (Lk 1,17). Das ist das Wunder, das Spezielle, worauf Lukas uns aufmerksam macht. Die dezimierte und verletzte Bevölkerung wird wieder zusammenwachsen. Die neue Zeitqualität zeichnet sich dadurch aus, dass die Generationen sich einander zuwenden. Dass hier eine »unnatürliche« Empfängnis stattgefunden haben könnte, wird vom Text mit keinem Wort angedeutet. »Unnatürlich« höchstens darin, dass Zacharias nicht dem Geschlechterbild eines dominanten Mannes entspricht, denn er war alt, erschreckt und – wie wir gleich sehen werden – stumm.

Vorerst aber brennt Zacharias eine Frage auf der Zunge:

Zacharias sagte zum Engel: Woran werde ich das erkennen? Ich bin alt, und meine Frau ist auch schon älter. Lk 1,18 BigS

Zacharias fragt hier genauso, wie später Maria fragt: Wie soll ich schwanger werden, da ich von keinem Manne weiß? (Lk 1,34) Nun hat die Auslegung im Fall von Zacharias aber oft davon gesprochen, dass er für seine Frage vom Engel getadelt worden sei. Er habe seine Sprache als Strafe dafür verloren, dass er dem Engel nicht geglaubt habe (Lk 1,20).

Ich meine, der Bote strafe gar nicht. Die Frage des Zacharias ist berechtigt, genauso wie diejenige der Maria. Fragen ist biblisch zudem immer berechtigt. Natürlich möchte Zacharias erkennen können, ob seine Interpretation der Botschaft Hand und Fuß hat! Er ist ja der Priester, der die Aufgabe hat, die Gebete vor Gott zu bringen und danach die göttliche Antwort den Betenden zu vermitteln. Darum bittet er um ein Zeichen, das er zur Bekräftigung den Betenden zeigen kann. Zacharias nimmt seine Stellvertretungsfunktion wahr und realisiert, dass er als alter Mann und seine schon ältere Frau nicht gerade überzeugend wirken werden, wenn er von Zukunft und Sohnesgeburt sprechen soll. Diese Selbstreflexion des alten Priesters ist nicht tadelnswert. Sie gleicht nicht nur derjenigen der jungen Maria, sondern auch derjenigen des Mose, der sich nicht als großer Rhetoriker verstand. Auch er machte sich Gedanken darüber, wie er ein ganzes Volk zum Exodus bewegen sollte.

Mose aber sprach zu dem HERRN: Ach, mein Herr, ich bin von jeher nicht beredt gewesen, auch jetzt nicht, seitdem du mit deinem Knecht redest; denn ich hab eine schwere Sprache und eine schwere Zunge. 2Mose 4,10 Luther

Mose zweifelt nicht an dem, was Gott mit seinem Volk vorhat. Aber er befürchtet, dass er der Aufgabe nicht gewachsen ist, Gottes Vorhaben den Leuten zu vermitteln und diese in Bewegung zu setzen. Gott geht auf seine Befürchtung ein und stattet ihn mit Kraft aus. Zudem stellt er ihm seinen Bruder Aaron zur Seite, denn dieser ist redegewandt.

Auch hier bei Zacharias geht der Bote auf die Frage des Priesters ein. Er gibt ihm etwas mit, das überzeugen wird: Seine Stummheit wird allen Zeichen sein. Der Priester muss somit nicht nach den richtigen, überzeugenden Worten suchen. Er wird aus dem Tempel heraustreten und nur noch mit Zeichen sprechen können. Somit werden alle erkennen, dass Zacharias etwas erlebt hat, das ihm die Sprache raubte. Das Verstummen kann als Hinweis auf etwas Wunderbares, das im Tempel geschehen ist, gelesen werden.

Genauso ist es dann. Zacharias tritt stumm vor die Versammelten und sie merkten, dass er eine Erscheinung gehabt hatte (Lk 1,22). Zacharias hat also seine Aufgabe erfüllt. Er brachte die Gebete vor den Altar und versenkte sich in die Seufzer und Nöte aller, auch in diejenigen seiner Frau und seiner selbst. Er nahm seinen Dienst ernst und öffnete sich vor dem Altar, so dass ihn Furcht ergriff. Diese Furcht drang in ihn und er realisierte, dass Gott nahe war. Wenn Gott nahe war, dann war alles möglich. Dann konnte sein gedemütigtes Volk wieder aufrecht stehen, dann ... konnte sogar er noch Vater werden! Zacharias vollendete die Tage seines Dienstes, heißt es (Lk 1,23). Ich lese dies nicht nur als Beendigung seiner Diensttage, sondern als Krönung seines Dienstes: Er hat eine Botschaft erhalten und sie ist bei allen angekommen. Mir erscheint sein Verstummen als größte Vollendung seines Dienens. Zugleich tritt Zacharias zurück ins zweite Glied. Er lässt damit Raum für das Kommende, für die Frauen und die Söhne.

Nun beginnt eine neue Zeitrechnung:

24 Nach diesen Tagen aber empfing Elisabet, seine Frau, und sie verhüllte sich fünf Monate lang ... Lk 1,24 BigS

Zum ersten Mal wird die Zeit nach der Erfahrung einer Frau charakterisiert. Es zählt nicht mehr die ungerechte Zeit des Herodes, die unerbittlich ablaufende biologische Uhr des Ehepaares, die immer wiederkehrende rituelle Zeit der Priesterschaft, sondern die sich erfüllende Zeit einer Schwangerschaft. Mit dem Verstummen des Zacharias nahm diese Zeit ihren Anfang. Was können wir sagen über eine so stille Zeit? Wie erging es Elisabet in jenen Tagen? Redete Gott mit ihr, während ihr Mann schwieg? Erhielt auch sie eine göttliche Botschaft? Oder stellte sie einfach eines Tages fest, dass sie schwanger war? Wie konnte die alte Frau, jenseits der Menopause, überhaupt ihre Schwangerschaft feststellen? Oder waren das lange Monate des Hoffens und Zweifelns? Mit wem teilte sie ihre Fragen und Beobachtungen?

Der Text spielt uns, fast unbemerkt und nebenbei, eine Geste zu, die für damalige LeserInnen sehr sprechend war: Elisabet verhüllte sich.[4] In einer Kultur, in der Schleier und Kopfbedeckung für Männer wie für Frauen wichtig waren, sollte ihr Verhüllen hellhörig machen. Hat sie sich bedeckt oder eingehüllt, hat sie nur den Kopf verhüllt oder ihr ganzes Gesicht und ihren Körper? Mit welchem Stoff hat sie sich verhüllt, mit einem hellen, transparenten, leicht verzierten Gewebe oder mit einem rohen, schweren Stoff? Wenn wir apokalyptisch (also enthüllend) lesen wollen, bietet es sich an, der Geste des Verhüllens Aufmerksamkeit zu schenken.

4 Luzia Sutter Rehmann, Der Glanz der Schekhinah und Elisabets Verhüllung (Lk 1,24). In: lectio difficilior 1/2005.

In Lk 1,24 ist von *perikrybein* die Rede. Obwohl es im Neuen Testament viele Verben gibt, die verhüllen, verbergen, bedecken – nur hier kommt genau dieses Verb vor.[5] Das heißt, es geht um etwas Spezielles, Einzigartiges. Elisabet verbirgt sich nicht vor den Augen ihres Ehemannes, das wäre ein sehr seltsames Verhalten. Ihre noch junge Schwangerschaft verbergen zu wollen, macht auch wenig Sinn. Dass sie vor Trauer ihr Gesicht verhüllen würde (wie z.B. Jer 14,4; Est 6,12; 2Samuel 15,30; 19,5), wäre geradezu gegen den Text gelesen. Hingegen ist es durchaus textgerecht, Elisabets Verhüllungsgeste mit einem mystischen Erlebnis zu verbinden. Zacharias hatte eine mystische Erscheinung im Tempel und der Engel Gabriel begegnete Maria. Elisabets Verhüllungsgeste drückt aus, dass auch sie eine geheimnisvolle göttliche Gegenwart spürte. Sie drückte dies ohne Worte, sehr respektvoll aus. Dies kann im Einklang mit verschiedenen Belegstellen aus dem Ersten Testament gelesen werden. In 1Könige 19,13 verhüllt sich Elia, weil er mit Gott spricht. In 1Chronik 21,20 sehen die Söhne des Ornan den Engel Gottes und verhüllen sich sofort. Wir wissen auch von Mose, dass er sein Gesicht verhüllte, als sein Gesicht nach einer Gottesbegegnung strahlte (2Mose 34,29-35).

Die Stille, die der stumme Zacharias nach Hause brachte, war undurchdringbar. Elisabet spürte aber, dass jetzt der Zeitpunkt gekommen war, etwas Großes zu wünschen. Sie spürte den Glanz Gottes in ihrem Haus, etwas strahlte sie an, brachte sie zum Leuch-

5 Das Neue Testament kennt mehrere Wörter für »verbergen, verhüllen«. Neben den Hauptverben *kalyptein* und *kryptein* gibt es viele Komposita, die die Art der Verhüllung verdeutlichen, wie z.B. *epikalyptein, episkiazein, epikalymma* »oben verhüllen«, »darüberhin bedecken« und *perikalyptein, perikrybein, periballein* »ringsum verhüllen, um ... herum bedecken« sowie *katakalyptein* »ganz verhüllen, von oben herabhüllen«, ferner *parakalyptein, synkalyptein, enkalyptein*.

ten. Elisabet antwortete auf dieses Licht, indem sie sich umhüllte. In diesem Licht, so realisierte sie, war alles möglich. Hoffnung erwärmte sie von innen heraus.

Damals gab es die Tradition, einem Wunsch mit einem Gelübde Nachdruck zu verleihen. Gelübde meint, die Worte sorgfältig zu wählen und Gott als Zeugen dazu zu rufen. Eine Frau konnte für sich und ihr noch ungeborenes Kind ein Gelübde, einen dringlichen Wunsch, ablegen. So konnte sie versprechen, alles zu tun, damit ihr Sohn einen Beitrag zum Frieden leisten würde. Das Nasir-Gelübde kann so verstanden werden. Die Mutter versprach, dass sie keinen Wein mehr trinken und ihre Haare nie mehr scheren würde. Sie würde sich selbst auferlegen, friedfertig und nüchtern zu leben, ganz auf die eine Aufgabe konzentriert, einen Knaben zu bekommen, der ihrem Volk ein Vorbild werden sollte. Vielleicht würde er ein Priester oder ein Prophet, ein Gerechter, der sich für die Armen einsetzte.

Ich stelle mir vor, dass in dieser düsteren Nachkriegszeit die AdressatInnen des Lukasevangeliums aufseufzten beim Gedanken an einen Gott Geweihten, der keiner Fliege etwas zu Leide tun würde, seine ganze Kraft aber zur Sammlung des Volkes einsetzen würde. In der Mischna Nasir[6] erfahren wir, dass es

6 Die Mischna ist die erste kanonische Sammlung der jüdischen Gesetzesauslegung. Sie ist hebräisch geschrieben und in sechs Abteilungen gegliedert, sog »Ordnungen«, die wiederum in Traktate unterteilt sind. Eine der sechs Ordnung heißt »Naschim« (Frauen). M. Nasir ist ein Traktat aus der Ordnung Naschim. Die Mischna entstand allmählich, das meiste Material datiert aus den ersten beiden Jahrhunderten unserer Zeitrechnung. Jede Generation von Rabbinern fügte ihre Gedanken zu denjenigen ihrer Vorgänger hinzu, so dass Diskussionen und inhaltliche Spannungen sichtbar werden. Rabbi Judah der Prinz wird als Endredaktor der Mischna (um 200) gehalten, der den Stil und die Sprache, so wie die formale Gliederung gestaltete. Eine schöne Mischna-Ausgabe ist die von M. Petuchowski und S. Schlesinger. Basel 1986.

öfter vorkam, dass Menschen mit einem Nasir-Gelübde ein Kind erbaten (M. Nasir 2,7-10). Sowohl Männer wie Frauen konnten Gelübde auf sich nehmen. Im Ersten Testament wünschten sich Hanna (1Sam 1,11), die spätere Mutter des Propheten Samuel, wie auch die Mutter Simsons (Ri 13,3-5) auf diese Weise einen Sohn.

Und der Engel des HERRN erschien der Frau und sprach zu ihr: Siehe, du bist unfruchtbar und hast keine Kinder, aber du wirst schwanger werden und einen Sohn gebären. 4 So hüte dich nun, dass du nicht Wein oder starkes Getränk trinkst und nichts Unreines isst; 5 denn du wirst schwanger werden und einen Sohn gebären, dem kein Schermesser aufs Haupt kommen soll. Denn der Knabe wird ein Geweihter Gottes sein von Mutterleibe an; und er wird anfangen, Israel zu erretten aus der Hand der Philister. Ri 13,3-5 Luther

Um das Ehepaar Elisabet und Zacharias ist es zunächst still. Vielleicht hören wir einfach nichts, weil Lukas das Wissen um die religiöse Tradition des Gelobens als Mittel, sich bei Gott Gehör zu verschaffen, voraussetzt. Vielleicht genügt ihm die Begegnung Zacharias' mit dem Engel, weil der Mann damit informiert ist, und er vernachlässigt Elisabet auf erzählerischer Ebene. Das wäre dann sozusagen eine androzentrische Vernachlässigung der weiblichen Spiritualität und Lebenswirklichkeit. Aber vielleicht können wir die Stille, die sich über dem alten Ehepaar ausgebreitet hat, exegetisch fruchtbar machen.

So hat mir die Lebendige getan, in den Tagen, in denen sie darauf achtete, meine Demütigung unter den Menschen fortzunehmen. Lk 1,25 BigS

Nun werden die Tage des Herodes (Lk 1,5) abgelöst von den Tagen, in denen Gott die Demütigung von der jüdischen Bevölkerung wegzunehmen begann. So wird die neue Zeit von Elisabet besungen. Die neue, heiß erwartete Zeit begann mit dem Stillwerden des alten Priesters, mit einem Leuchten, mit einem Gelübde und führte zu neuem Leben. Dieses neue Leben erfasste nicht nur den alten Körper Elisabets, auch wenn der erzählerische Fokus einen Moment lang auf ihr ruht.

5. Elisabet und die Stimmen

Nach fünf Monaten fand Elisabet zu ihrer Stimme, reiht ihr Loblied in die Gotteserfahrungen anderer Frauen ein:

Nach diesen Tagen aber empfing Elisabet, seine Frau, und sie verhüllte sich fünf Monate lang und sagte: 25 »So hat mir die Lebendige getan, in den Tagen, in denen sie darauf achtete, meine Demütigung unter den Menschen fortzunehmen.« Lk 1,24-25 BigS

Denn, wenn wir gut hinhören, klingen hier noch andere Stimmen mit, verstärken Elisabets Freude und machen eine Frauentradition hörbar, die es in den Schriften des Ersten Testaments gibt. Es sind die Stimmen Rahels und Leas, Hagars und Hannas. Am deutlichsten taucht die Gestalt der Hanna auf (1Sam 1). Hanna war kinderlos und litt unter den Demütigungen ihrer Nebenfrau, die zahlreiche Kinder hatte. Hanna stand eines Tages auf und tat ein Gelübde im Tempel:

HERR Zebaoth, wirst du das Elend deiner Magd ansehen und an mich gedenken und deiner Magd nicht vergessen und wirst du deiner Magd einen Sohn geben, so will ich ihn dem HERRN geben sein Leben lang, und kein Schermesser soll auf sein Haupt kommen. 1Sam 1,11 Luther

Hanna wird Mutter eines Sohnes namens Samuel, nach welchem gleich zwei Bücher im Ersten Testament benannt sind. Samuel wurde von seinen Eltern schon als Kind dem Tempeldienst übergeben. Später wurde er ein Prophet und mischte sich in die politische Geschichte ein, indem er als Königsmacher wirkte. Wie Samuel soll auch Johannes keine berauschenden Getränke trinken und kein Schermesser auf sein Haupt lassen. Auch Johannes wird ein Prophet, auf dem große Hoffnungen des Volkes liegen (Lk 3,15). Die römischen Behörden lassen ihn verhaften (Lk 3,20) und umbringen, woraus wir auch einiges hinsichtlich seiner politischen Bedeutung erahnen können (vgl. Mk 6,14-29; Mt 14,1-12; Lk 9,7-9).

Elisabet – so könnte man jetzt sagen – wird parallel zu Hanna »konstruiert«, ihre Geschicke ähneln sich wie auch ihre Söhne. Ich möchte aber hier nicht von Konstruktionen und Parallelen sprechen, auch wenn ein jeder Text in irgendeiner Weise ein literarisches Konstrukt darstellt. Ich wähle bewusst den Begriff Tradition. Elisabet lebte in derselben Tradition wie Hanna. Mit ihnen lebten unzählige andere Frauen in derselben Tradition, sie beriefen sich aufeinander, sie teilten ihre Gotteserfahrungen, sie gaben einander ihre Gebete und Gelübde weiter, von Mutter zu Tochter, von Schwester zu Schwester. Elisabet war weder die erste unfruchtbare Frau in Israel, die sich von Gott einen Sohn erbat, noch die einzige, die einen erhielt. Elisabet – und das drückt der Text deutlich aus – stellte mit ihren Dankesworten bewusst eine Verbindung zu dieser Tradition her. Sie kannte die Schriften ihres Volkes, denn ihre Worte sind nicht irgendein spontan formulierter Stoßseufzer, sondern es sind die Worte Hannas, aber auch von Rahel und Lea. So erkennen wir in der Priestertochter Elisabet eine schriftkundige Frau, die bewusst mit der Tradition umgehen und die die alten Geschichten auf ihre Gegenwart hin interpretieren kann.

Nun zu Lea und Rahel: Lea war die nicht so sehr geliebte Frau Jakobs. Ihr Vater hatte sie Jakob einfach in der Hochzeitsnacht untergeschoben. Zugleich war Lea die ältere Schwester Rahels. Rahel war die Schönere von den Beiden, jedenfalls war sie es in den Augen Jakobs. Er begehrte sie zur Frau – erhielt aber Lea. Erst später durfte er auch noch Rahel heiraten. Für Lea war dies bitter. Zudem musste sie nun ein Leben lang mit ihrer Schwester zusammenbleiben. Wie Lea zum ersten Mal schwanger wird, blühte Hoffnung in ihr auf. Sie drückte diese mit dem sie anschauenden Gott aus:

Und Lea ward schwanger und gebar einen Sohn; den nannte sie Ruben und sprach: Der HERR hat angesehen mein Elend; nun wird mich mein Mann lieb haben. 1Mose 29,32 Luther

Gott hatte offenbar Leas Tränen gesehen und ließ sie schwanger werden. Lea hoffte, dass ihr Mann sie nun lieben würde. Gott schenkte ihr Zukunft, indem er ihren Schoß öffnete. Rahel litt am umgekehrten Sachverhalt: Sie war sich zwar der Liebe ihres Ehemannes sicher, aber ihr Schoß blieb verschlossen. Wie sehr sie die Kinderlosigkeit bedrückte, merken wir an ihrem Stoßseufzer, den sie zu Jakob rief:

Als Rahel sah, dass sie Jakob kein Kind gebar, beneidete sie ihre Schwester und sprach zu Jakob: Schaffe mir Kinder, wenn nicht, so sterbe ich. Gen 30,1 Luther

Ohne Kinder war das Leben einer Ehefrau ungesichert und ihre Abhängigkeit gegenüber ihrem Ehemann wurde verstärkt. Als Rahel endlich einen Sohn gebiert, ruft sie aus:

Gott hat meine Schmach von mir genommen. 1Mose 30,23 Luther

Diese beiden Halbsätze der Schwestern geben zusammen den Satz der Elisabet: Gott hat sie in ihrem Elend wahrgenommen und ihre Erniedrigung weggenommen. Rahel und Lea gelten als Erbauerinnen des Hauses Israel.

Und noch eine Frau verstärkt die Stimme Elisabets: Hagar, die schwangere, unglückliche Zweitfrau Abrahams, die in die Wüste flüchtete und dort beinahe verdurstet wäre. Hagar ist eine der eindrücklichsten Theologinnen der Bibel. Sie gehört zu den ganz Wenigen, die Gott gesehen haben und die Gott einen Namen gegeben haben.

»Du bist El Roï, Gottheit des Hinschauens«. Denn sie sagte: »Sogar bis hierher? Ich habe geschaut hinter der her, die mich anschaut.« 1Mose 16,13 BigS

Hagar nennt Gott »eine Gottheit, der/die mich anschaut«. Sie weiß damit um eine Dimension, die ihr Kraft gibt. Sie litt nicht an Unfruchtbarkeit, aber an Zurücksetzung. Die ägyptische Sklavin wurde von der Erstfrau Sara zum Gebären benutzt. Doch erntete sie nicht Dank und Respekt. Ihre Schwangerschaft sicherte ihr nicht einmal ihren Schlafplatz. Sie wurde gedrückt, heißt es. Auf der Flucht, in der Wüste findet sie Augen, die sie ansehen, und eine Stimme, die sie anspricht.

Elisabet nimmt den Gott dieser Erniedrigten zu Beginn ihrer späten Schwangerschaft für sich in Anspruch. Sie zitiert die vier Stimmen sicher nicht zufällig. Damit wird noch einmal unterstrichen, dass es nicht nur um das Einzelschicksal Elisabets geht, sondern um all die vielen, denen es erging wie Elisabet. Sie hatten ein Leben lang gehofft, dass sie heimkehren könnten, dass sie ihre Söhne und Töchter wieder sehen würden, dass ein wenig Gerechtigkeit hergestellt würde. Doch der Krieg hatte alle Hoffnungen zunichte gemacht. Und nach dem Krieg blieb Jerusalem eine verbotene Stadt, ein Schutthügel, der nicht wieder aufgebaut werden durfte.

Mit Elisabet hoffte die ganze jüdische Bevölkerung auf Erleichterung, Gebetserhörung und darauf, sich aufrichten zu können. Die Stoßseufzer der erniedrigten Frauen sind in Elisabets Ausruf enthalten. Sie ist eine Tochter ihres Volkes, eine Schwester all dieser Frauen. Auch für Elisabet ist Gott die Kraft, die sie vom sozialen Unrecht befreien kann, die Kraft, die sie aufrichtet, so dass sie getrost in die Zukunft gehen kann, die Kraft, die sie – wie Hagar es sagte – als Person anschaut.

Dazu möchte ich ein Gedicht von Hilde Domin stellen.

Es gibt dich

Dein Ort ist
wo Augen dich ansehn
Wo sich die Augen treffen
entstehst du

Von einem Ruf gehalten,
immer die gleiche Stimme,
es scheint nur eine zu geben
mit der alle rufen

Du fielest,
aber du fällst nicht
Augen fangen dich auf

Es gibt dich
weil Augen dich wollen,
dich ansehn und sagen
dass es dich gibt.[7]

6. Eine junge Frau

Bis jetzt habe ich die Frage, wie die Jungfrau zum Kind kommt, aufgeschoben. Mir ist bei dieser ganzen Sache nicht recht wohl.

7 Hilde Domin, aus: Ich will dich. Gedichte. Frankfurt 1995, 75.

Denn im Laufe der Jahrtausende wurde dieser Aspekt der Erzählung dermaßen überstrapaziert, dass viele meinen, *das* sei das eigentlich Wichtige am Ganzen, dass eine jungfräuliche Frau ein Kind bekommen hat. Diese Meinung ist für viele sogar Glaubenssache geworden.

Als feministische Befreiungstheologin muss ich hier nachfragen: Ist ein solcher Glaube befreiend? Für wen? Wem nützt ein solcher Glaube? Wessen Interessen werden gestärkt? Eine leibverachtende Sexualmoral hat sich auf dem Rücken Marias ins Christentum geschlichen, was sehr vielen Mädchen und Frauen gar nicht gut tat. Denn allein Maria konnte Mutter werden, ohne sich »einem Mann hingeben« zu müssen, ohne »befleckt« zu werden. Diese Perspektive auf Maria und ihre Schwangerschaft entstand in einer Zeit, in der die christliche Kirche sehr asketisch gestimmt war (2./3. Jahrhundert). Gleichzeitig wurde versucht, die vielen ehefrei lebenden Frauen in den christlichen Gemeinden mehr und mehr zurückzubinden. Die zahlreichen »Witwen« und »Jungfrauen«, die ohne Ehemänner lebten und – so nehmen wir an – glücklich waren, wurden vermehrt aus ihren Ämtern oder Positionen gedrängt.[8] Diese Repatriarchalisierung geschah Hand in Hand mit der Verfestigung der römischen Staatskirche. Dieser vielschichtige Prozess war von großem Einfluss auf das christliche Gemeindeleben, die frühe Organisation der Kirche und auch auf die Glaubenstraditionen. – Doch das Lukasevangelium entstand früher, zu einer ganz anderen Zeit, die mit römischer Staatskirche noch gar

8 Vgl. Anne Jensen, Gottes selbstbewusste Töchter. Frauenemanzipation im frühen Christentum? Münster/Hamburg/London 2003; Angela Standhartinger, Ältere Frauen, Presbyterinnen und Witwen in den Pastoralbriefen. In: Bibel und Kirche, 2/2023, 103-109.

nichts zu tun hat. Es ist unter dem Eindruck des römischen Sieges über Jerusalem entstanden, in der Nachkriegszeit und immer noch von der Hoffnung beseelt, dass die Stadt und der Tempel wiederaufgebaut würden. Mit Rom und dem Kaiser will es gar nichts zu tun haben. Es lässt Männer verstummen, Engel sprechen und Frauen zu Wort kommen!

Im sechsten Monat aber wurde der Engel Gabriel von Gott in einen Ort Galiläas gesandt, der Nazaret hieß, 27 zu einer jungen Frau. Diese war verlobt mit einem Mann namens Josef, aus dem Hause Davids. Lk 1,26-27 BigS

Wenden wir uns nun der »jungen Frau« von V. 27 zu. Der griechische Begriff *parthenos* bezeichnet einen rechtlichen Status, d.h. eine junge Frau oder ein junges Mädchen, das noch nicht verheiratet war. Im biblischen Kontext bezeichnet der Begriff die junge Frau im heiratsfähigen Alter (hebr. *alma*). Als heiratsfähig galten Mädchen, die mindestens zwölfeinhalbjährig waren. Sie wurden, wenn immer möglich, verlobt, lebten aber noch ein Jahr im Haus ihrer Eltern.[9] Die biologistische Engführung des Begriffs, dass noch kein Geschlechtsverkehr stattgefunden habe, kann unter dem griechischen Begriff nicht einfach subsumiert werden. Ein Jüngling und eine Jungfrau konnten sich durchaus verlieben, sie konnten auch verführt oder vergewaltigt werden. Sie konnten heimlich ihre ersten Erfahrungen mit ihrer Sexualität machen. Sie waren – laut Begriff – einfach noch nicht verheiratet. Dazu passt die Bemerkung von V. 27, Maria sei verlobt gewesen. Wenn

9 Friedrich Fechter, Luzia Sutter Rehman, Art. »Jungfrau« in: Frank Crüsemann u.a. (Hg.), Sozialgeschichtliches Wörterbuch zur Bibel. Gütersloh 2009, 285-287.

es beim Begriff *parthenos* nur um körperliche »Unversehrtheit« geht, wird der Begriff biologistisch enggeführt, was dem damaligen Gebrauch nicht gerecht wird. Maria war im heiratsfähigen Alter, aber noch nicht verheiratet. Ob sie streng behütet in ihres Vaters Haus lebte – der aber nirgends Erwähnung findet – oder auf fremden Weinbergen und von der Sonne verbrannt ihren Lebensunterhalt unter schwierigen Bedingungen verdienen musste, wird nicht gesagt.

Wir wissen auch nicht, wie es jungen Mädchen im kriegsversehrten Land nach Jahren der Gewalt ging, also zur Zeit, in der das Lukasevangelium geschrieben wurde. Die damaligen AdressatInnen wussten dies aber. Die arme Landbevölkerung lebte weitgehend schutzlos. Auch in den Städten herrschten schwierige Bedingungen. Römische Soldaten waren an vielen Orten stationiert und nahmen sich von der Bevölkerung, was sie für ihren Unterhalt brauchten. Frauen und Mädchen waren ihnen, aber auch den wohlhabenden Gutsherren ausgesetzt – erst recht, wenn sie keinen Vater, keine Brüder und keinen wehrhaften Ehemann hatten. Während wir von Elisabet neben ihrem hohen Alter und ihrem ehelichen Status auch ihre Herkunft aus einer Priesterfamilie wissen (Lk 1,5), steht die junge Maria völlig allein da.

7. Marias Stunde

Der Engel redet das junge Mädchen als »Begnadete« (Lk 1,28) an und als eine, die »Gnade gefunden hat bei Gott« (1,30). Das heißt nicht, dass sie besonders begnadet gewesen war, sondern, dass sie Gott um etwas gebeten hatte und nun Gnade gefunden hatte. Ihre Bitte wurde erhört. Dies lässt uns Maria und Zacharias in Parallele setzen, der auch um Erhörung gebeten hatte. Die Stunde der Gebetserhörung fand auch in Galiläa statt, weit vom Tempel entfernt.

Am Anfang einer Bitte steht eine Situation, die leiden lässt. Darum ergreifen Menschen die Initiative und rufen Gott auf den Plan – wie Hanna, die aufstand und ein Gelübde tat im Tempel (1Sam 1,11), wie Elisabet, die um Erlösung aus ihrer Erniedrigung bat. Damit möchte ich nachdrücklich betonen, dass ein Bote nicht aus heiterem Himmel in Marias gute Stube fiel. Diese Sicht auf die Begegnung stilisiert Maria als unwissend, passiv, ja naiv. In Lk 1,28 wird deutlich, dass sie inständig um Hilfe gebeten hatte. Maria war eine Bittende und Gott antwortete auf ihre Bitte. Gott lässt mit sich reden, das ist ein wichtiger roter Faden durch die ganze Bibel. Das Beten und Reden mit Gott ist biblisch und jüdisch ganz wichtig. Gott wird als Kraft der Beziehung wahrgenommen.[10] Der Anfang des Lukasevangeliums zeigt Gottes Nähe in Jerusalem und in Galiläa. Maria erwartete Antwort von Gott, denn sie hatte sehnlichst darum gebeten! Marias Erschrecken (1,29) ist der deutlichste Ausdruck ihres Wissens, dass Gott sie erhört hat. Jetzt – durchzuckt es sie bis zuinnerst – jetzt ist Gott nahe! Auch dieser Erzählzug findet seine Parallele im Erschrecken des Zacharias im Tempel (1,12).

Doch worum bat Maria? Wir müssen hier auf die Zeitbestimmungen des Lukas zurückgreifen: Wie wirkten sich die Tage des

10 Martin Buber, Ich und Du. Stuttgart 2008 (Erstveröffentlichung 1923); Etty Hillesum, Das denkende Herz. Tagebücher 1941-1943. Hamburg/Berlin 1985.

Herodes auf ein junges Mädchen ohne Vater und Ehemann aus? Maria ist ein Kind jener Tage der römischen Herrschaft in Palästina. Dass ihr Sohn ein von Gott auserwählter König wie einst Saul und David werden soll, weist auf die politische Dimension der Hoffnung hin, die durchaus auf Erlösung aus der römischen Gewalt gerichtet war.

Von Elisabet wissen wir – oder haben zumindest rekonstruiert – dass sie einen Sohn wollte, der sie aus ihrer Erniedrigung erlösen sollte. Sie verband ihre Erlösung mit derjenigen des unterdrückten Volkes, das einen Retter brauchte (vgl. Ri 13). Aber worum bat das junge Mädchen in Galiläa? Sie bat sicher nicht um ein Kind. Sie war ja noch nicht einmal verheiratet. Ihre Frage, wie denn eine Schwangerschaft gehen soll, wo sie doch noch mit keinem Mann zusammengekommen war (Lk 1,34), zeigt, dass sie wohl kaum um einen Sohn gebeten hatte.

Es ist keineswegs deutlich von jungfräulicher Empfängnis die Rede. Nicht der Mann steht im Zentrum der Botschaft und nicht die Frage, ob ein Mann Maria schwängerte oder ob sie eine Schwangerschaft ohne männliche Mitwirkung haben würde. Hingegen erfahren wir alles über die Bedeutung ihrer Schwangerschaft: Das Kind wird die Aufgabe eines Heiligen Gottes übernehmen. Der heilige Geist kommt auf Maria (Lk 1,35) – und nirgends steht, dass er sie wieder verlassen hätte! Sie wird ihrem Volk eine Zukunft weisen. Der Geist (*pneuma*) und die *dynamis* Gottes, die schöpferische Kraft, werden Maria vom Boten zugesprochen. Maria wird somit eine Prophetin voller Geisteskraft.

Auf Marias Frage, wie sie schwanger werden soll, antwortet der Bote nicht nur hoch theologisch, sondern auch ganz praktisch:

Siehe, Elisabet ist mit dir verwandt: Sie hat in ihrem Alter ein Kind empfangen und dieser Monat ist der sechste für die, die unfruchtbar genannt wurde. Lk 1,36 BigS

Dies ist das Zeichen, woran Maria sich halten kann. Suche eine dir nahestehende Person auf, eine Verwandte oder eine, die wie du etwas Besonderes erlebt hat: die Elisabet. Der Engel verweist Maria auf Elisabet und in dieser Richtung geht die Erzählung nun weiter.

Aber noch einmal: Bat Maria um einen Sohn? Oder bat sie um Recht und Brot, um Atempausen und gute Ernten für die Hungrigen? Bat sie um die Präsenz Gottes, um die Erlösung ihres Volkes? Hat Gott ihr nicht etwas zu überschwänglich gegeben – noch nicht einmal verheiratet und schon schwanger, jungfräulich noch dazu? Dann müssten sich junge Frauen wie Maria von nun an gut überlegen, ob sie inständig um etwas bitten wollen, vor allem, wenn sie noch nicht einmal verheiratet sind … Das könnte schief herauskommen! Also, Hand aufs Herz: bat Maria um einen Sohn? Hat Gott sie auserwählt, ohne ihren Wunsch zu beachten, und ihr einen Sohn aufgehalst? Einfach, weil ER es so für richtig hielt, ein junges, lediges Mädchen schwanger werden zu lassen?

Wir lesen diese Zeilen immer sehr vorbelastet. Es ist nicht einfach, die vielen Krippenspiele, Maria Verkündigungs-Gemälde und die für die römisch-katholische Kirche zentrale Aussage der Jungfrauengeburt zur Seite zu schieben. Was steht denn eigentlich hier?

Im sechsten Monat aber wurde der Engel Gabriel von Gott in einen Ort Galiläas gesandt, der Nazaret hieß, 27 zu einer jungen Frau. Diese war verlobt mit einem Mann namens Josef, aus dem Hause Davids. Der Name

der jungen Frau war Maria. 28 Als er zu ihr hineinkam, sagte er: »Freue dich, du bist mit Gnade beschenkt, denn die Lebendige ist mit dir!« 29 Sie aber erschrak bei diesem Wort, und sie fragte sich, was es mit diesem Gruß auf sich habe. 30 Der Engel sprach zu ihr Folgendes: »Fürchte dich nicht, Maria, du hast Gnade gefunden bei Gott. 31 Und siehe, du wirst schwanger werden und einen Sohn gebären und du wirst ihm den Namen Jesus geben. 32 Dieser wird groß sein und Kind des Höchsten genannt werden. Gott, die Lebendige, wird ihm den Thron Davids, seines Vorfahren, geben 33 und er wird König sein über das Haus Jakobs in alle Ewigkeiten und seine Herrschaft wird kein Ende nehmen.« 34 Maria aber sagte zum Engel: »Wie soll dies geschehen, da ich von keinem Mann weiß?« 35 Der Engel antwortete ihr: »Die heilige Geistkraft wird auf dich herabkommen und die Kraft des Höchsten wird dich in ihren Schatten hüllen. Deswegen wird das Heilige, das geboren wird, Kind Gottes genannt werden. 36 Siehe, Elisabet ist mit dir verwandt: Sie hat in ihrem Alter ein Kind empfangen und dieser Monat ist der sechste für die, die unfruchtbar genannt wurde. 37 Denn alle Dinge sind möglich bei Gott.« 38 Maria sagte: »Siehe, ich bin die Sklavin Gottes. Es soll geschehen, wie du mir gesagt hast.« Der Engel aber ging fort. Lk 1,26-38 BigS

Zum Zeitpunkt dieses mystischen Erlebnisses ist Maria noch nicht schwanger. Sie wird es später werden und einen Sohn bekommen. Das ist eine Ankündigung. Maria fragt, wie das gehen soll, da sie ohne Mann lebt (V. 34). Sie ist zwar verlobt, aber dieser Verlobte ist fort. Wieder geht der göttliche Bote auf ihre Frage ein. Die Geistkraft wird sie befähigen, das wird schon klappen, du wirst ein Kind gebären, das wird alles gut. Und, da diese Zusage doch noch recht vage klingt, fügt der Engel hinzu: Suche Elisabet auf, sie ist in einer vergleichbaren Situation.

Der Bote sagt nichts aus über die Art der Empfängnis – das sagen Boten übrigens nie. Weder bei Sarah (Gen 18,10), noch bei der Mutter Simsons (Ri 13,3-5). Sie wissen aber stets viel über die Bedeutung und den Zeitpunkt eines Ereignisses. Der Engel nennt die Kräfte, die in nächster Zeit wirksam werden. Maria wird von der *dynamis* Gottes gepackt (V. 35). Diese Kraft setzt sie in Bewegung:

39 In diesen Tagen stand Maria auf. Sie wanderte eilig durch das Gebirge in eine Stadt Judäas. 40 Sie ging in das Haus des Zacharias und begrüßte Elisabet. Lk 1,39-40 BigS

Also, als direkte Folge aus dieser geheimnisvollen Begegnung macht sich Maria auf. Die *dynamis* wirkt sogleich. Sie folgt der Richtung, die der Bote ihr gewiesen hat: über das Gebirge nach Judäa, ins Haus des Zacharias. Dort findet sie Elisabet.

Maria macht sich nicht nur auf, sie ist mit neuer Kraft erfüllt. Daher aufersteht sie. Ihr Aufstehen wird von den Übersetzungen meist unterschlagen. Dabei ist hier bereits eine Verwandlungskraft am Werk, die Kraft, die Menschen auferstehen lässt. Es ist dieselbe kraftvolle Bewegung, die Jesus von den Toten aufstehen lässt. *Anastasa* (Partizip Perfekt) heißt: Sie ist auferstanden. Freilich können wir das Wort auch nur als gewöhnliche Bewegung lesen: »Sie erhob sich«, »sie stand auf, um zu gehen ...«. Aber jetzt, wo der Engel Gabriel persönlich mit ihr gesprochen hatte und Maria voller Geisteskraft war, kann es da noch ein »Gewöhnlich« geben? Außerdem passt ihre hier geschehene Auferstehung sehr gut zu der Erhörung Gottes: Gott hat erhört – und Maria steht auf/aufersteht.

Ich lese Psalm 13 zu dieser Stelle. Er enthält einiges, was Maria auch hätte beten können.

1 Für die musikalische Aufführung. Ein Psalm.
Von David.
2 Wie lange, Lebendige, vergisst du mich auf Dauer?
Wie lange hältst du dein Antlitz verborgen vor mir?
3 Wie lange bedrücke ich meine Kehle mit Sorgen,
mit Verzweiflung mein Herz, Tag für Tag?
Wie lange stehen die, die mich anfeinden, über mir?
4 Sieh her! Antworte mir, Lebendige, mein Gott!
Gib meinen Augen Licht, damit ich nicht in den Tod entschlafe,
5 damit meine Feinde nicht sagen:
Die haben wir überwältigt. Den haben wir erledigt.
Damit die mich bedrängen sich nicht ausgelassen freuen,
weil ich den Boden unter den Füßen verliere.
6 Doch deiner Zuneigung habe ich vertraut.
Ausgelassen freut sich mein Herz über dein Befreien.
Ich will singen für die Lebendige: Gott ließ es mir reifen.
Ps 13,1-6 BigS

Vielleicht fühlte Maria sich in Nazaret verlassen und vergessen, wie die betende Person im Psalm (13,2). V. 6 ist wunderschön: »Doch deiner Zuneigung habe ich vertraut.« Das ist ja genau das, was Maria tut. Ihr Lied hören wir dann, wenn sie in Jerusalem, bei Elisabet angekommen ist.

8. Prophetinnen

»In diesen Tagen ...« (Lk 1,39) – auf welche Tage bezieht sich diese Zeitangabe, kurz nach der Engelsbegegnung? Es ist die Zeit, in der Maria aufstand.

Die folgenden Verse bilden das Herzstück der Erzählung, denn nun verknüpfen sich die verschiedenen Erzählfäden im Haus des Zacharias. So hellhörig und dünnhäutig wird diese Begegnung der beiden Frauen beschrieben! Maria, die verwandelt ist, aufgestanden, schwanger als Verlobte, hat eine Reise unternommen hat, tritt in das Haus ein und grüßt. Wie Elisabet diesen frohen Gruß hört, da hüpft das Kind in ihrem Leib. Wie lange hatte sich Elisabet danach gesehnt! Nun ist der Augenblick da: Das Kindchen strampelt und eine gleichgestimmte Verwandte trifft ein. Aus Elisabet bricht ein Segensgruß für das junge Mädchen heraus:

Willkommen bist du unter Frauen,
und willkommen ist die Frucht deines Bauches! Lk 1,42 BigS

Was für Maria gilt, gilt ebenso für Elisabet. So nahe sind sich diese beiden in dieser Zeit, die nach der Schwangerschaft Elisabets und dem Aufstehen Marias gerechnet wird. Das berühmte Loblied Magnifikat fließt aus dem Glück der beiden Frauen heraus. Lesen wir nun dieses Lied als Lied von beiden Frauen:

> *Meine Seele lobt die Lebendige,*
> *47 und mein Geist jubelt über Gott, die mich rettet.*
> *48 Sie hat auf die Erniedrigung ihrer Sklavin geschaut. Seht, von nun*

an werden mich alle Generationen glücklich preisen, 49 denn Großes
hat die göttliche Macht an mir getan,
und heilig ist ihr Name.
50 Ihr Erbarmen schenkt sie von Generation zu Generation
denen, die Ehrfurcht vor ihr haben.
Sie hat Gewaltiges bewirkt.
51 Mit ihrem Arm hat sie die auseinander getrieben,
die ihr Herz darauf gerichtet haben,
sich über andere zu erheben.
52 Sie hat Mächtige von den Thronen gestürzt und
Erniedrigte erhöht,
53 Hungernde hat sie mit Gutem gefüllt
und Reiche leer weggeschickt.
54 Sie hat sich Israels, ihres Sklavenkindes, angenommen
und sich an ihre Barmherzigkeit erinnert,
55 wie sie es unseren Vorfahren zugesagt hatte,
Sara und Abraham und ihren Nachkommen für alle Zeit.
Lk 1,46-55 BigS

Beide Frauen bedanken sich nicht für ihre Schwangerschaft. Ich finde dies bemerkenswert. Während in der Auslegung Elisabet stets als unfruchtbar und alt bezeichnet wird und ihre späte Schwangerschaft ihr Alleinstellungsmerkmal darstellt, kommt das in ihrem Lied nicht vor. Auch in ihrem Ausruf von Lk 1,25 jubelt sie, weil Gott ihre Schmach gesehen und weggenommen hat. Sie macht spirituell-theologische Aussagen, die Auslegung hingegen fokussiert auf ihren Körper. Auch Maria sagt nichts von jungfräulicher Empfängnis. Maria und Elisabet wählen ganz andere Worte, sie erzählen als Subjekte ihres Lebens, was ihnen wichtig ist. Und da hören wir nichts, was mit ihren körperlichen Prozessen zu tun hätte. Sie sprechen nicht »als Schwangere«, sondern als Prophetinnen, als Gott Lobende.

Im Magnifikat geht es um Rettung (V. 47). Zu der großen Not, aus der sie sich gerettet wissen, gehört Erniedrigung (V. 48). Zudem nennen sie sich hier »Sklavin«. Ich verweise hierzu auf eine unscheinbare, aber dramatische Bibelstelle im Buch des Nehemia:

Einige sagten: »Unsere Söhne und unsere Töchter, wir alle sind viele und wir wollen Getreide nehmen und essen und wir wollen leben!« Andere sagten: »Unsere Felder, unsere Weinberge und unsere Häuser verpfänden wir, damit wir Getreide gegen den Hunger bekommen können.« Wieder andere sagten: »Für die Steuer des Königs haben wir unsere Felder und Weinberge mit Geld beliehen! ... Sieh doch: Wir müssen unsere Söhne und unsere Töchter zur Sklaverei erniedrigen. Einige unserer Töchter sind sogar erniedrigt worden, und wir haben nichts dagegen in der Hand! Unsere Felder und Weinberge gehören anderen.« Neh 5,2-5 BigS

Die Armen mussten ihre Söhne und Töchter verkaufen, um Geld leihen zu können. Einige ergänzen diese schon sehr schmerzliche Aussage: Ihre Töchter wurden erniedrigt, ohne dass sie dafür etwas erhalten hätten! Mit anderen Worten, ihre Töchter wurden zur Arbeit gezwungen, ohne dass ihre Familie einen Vertrag oder Getreide erhalten hätte.

Da wir noch immer sehr wenig von Maria rekonstruieren können, halte ich diese Spur für wichtig. Sie führt uns wieder in die düstere Nachkriegszeit. Die Römer hatten kein Interesse daran, im besiegten Land eine auf Recht und Gerechtigkeit beruhende Gesellschaft aufzubauen. Sie beuteten Land und Leute aus, so viel wie nur möglich. V. 48 weist denn auf erschütterndes Unrecht hin. Dies wird in V. 51-52 wieder sichtbar, weil die Frauen darüber jubeln, dass die Mächtigen von ihren Thronen gestoßen werden und die Hochmütigen endlich verstummen. In V. 53 geht es um den Hunger, den die Frauen offenbar kennen. Sie freuen sich über die Treue Gottes, die/der von Generation zu Generation Israel immer wieder auf die Beine geholfen hat (V. 50.54.55). Nichts deutet auf ihre Schwangerschaft hin, vieles aber auf große Armut und politische Unterdrückung.

Wie der Ausruf Elisabets in Lk 1,25 von verschiedenen Frauenstimmen verstärkt ist, so können wir auch das Magnifikat in einen Chor von Jubelliedern stellen. Es gibt im Ersten Testament einige eindrückliche Lieder von Frauen, die Gott für Rettung danken. So wird z.B. im Buch Judith erzählt, wie die Bevölkerung der Kleinstadt Betulia wegen einer feindlichen Belagerung zu verdursten drohte. Die Bevölkerung begann zu verzweifeln. Da wagte es Judith, ins feindliche Lager zu gehen und den Anführer zu töten. Daraufhin floh das Heer entsetzt und Judith sang:

Stimmt meiner Gottheit mit Handtrommeln an, singt meinem Herrn mit Zimbeln.
Lasst ihr Psalm und Lob erklingen, erhebt und ruft aus ihren Namen:
2 eine Gottheit, die den Kriegen ein Ende setzt, ist der Herr. Jdt 16,1-2 BigS

Sehr ähnlich sang Mirjam nach den dramatischen Ereignissen in Ägypten, die zur Flucht der hebräischen Bevölkerung führten:

20 Da nahm Mirjam, die Prophetin und Schwester des Aaron, ihre Pauke zur Hand. Alle Frauen folgten ihr, sie trommelten und tanzten. Mirjam sang ihnen vor: 21 Singt nur Ihr, denn sie überragt alle. Rosse und Reiter warf sie ins Meer. 2Mose 15,20-21 BigS

Das dritte Jubellied ist dasjenige Hannas. Hanna bat um einen Sohn und gelobte, ihn dem Tempeldienst zu widmen, wenn er entwöhnt war. Ihr Dankeslied erklingt, nachdem sie den Jungen zum Tempel gebracht hat.

> *Es frohlockt mein Herz ...*
> *Mein Mund ist aufgetan gegen die, die mir feind sind,*
> *denn ich erfreue mich deiner Hilfe.*
> *2 Keine ist heilig wie die Heilige, ja keine außer dir.*
> *Keine ist ein Fels wie unser Gott.*
> *3 Redet nicht so viel Hochtrabendes daher!*
> *Vorlautes kommt aus eurem Mund hervor.*
> *Ja, eine wissende Gottheit ist die Heilige, Schandtaten haben keinen Bestand.*
> *4 Die Bogen der Helden zerbrechen,*
> *und die Strauchelnden rüsten sich mit Stärke.*
> *5 Die Satten müssen sich um Brot verdingen,*
> *und die Hungrigen kommen zur Ruhe.*
> *Sogar die Unfruchtbare gebiert siebenfach,*
> *und die Kinderreiche welkt dahin ...*
> *7 Die Heilige beraubt und bereichert, erniedrigt und erhöht,*
> *8 richtet Geringe aus dem Staub auf,*
> *erhebt Arme aus dem Müll,*
> *um sie an die Seite Edler zu setzen.*
> 1Sam 2,1-8 BigS

Nun ist es erstaunlich, wie ähnlich das Magnifikat in Lk 1 den Liedern der Vorgängerinnen ist. Noch erstaunlicher aber ist der Zeitpunkt. Hanna sang, nachdem sie ihren Sohn geboren, gestillt und entwöhnt hatte. Mirjam sang, nachdem der Pharao endlich die Erlaubnis zum Auszug gegeben hatte und die HebräerInnen sich auf den Weg gemacht hatten. Und Judith sang, nachdem die Feinde bereits abgezogen waren. Im Grunde ist das Magnifikat zu früh, denn noch ist keineswegs sicher, dass Söhne zur Welt kommen werden. Damit ist auch noch gar nicht gesagt, dass diese Söhne zu geistvollen Anführern heranwachsen und für die Bevölkerung wichtig werden.

Warum wird schon jetzt gesungen? Maria singt, weil sie von der göttlichen Erscheinen beauftragt wurde, Prophetin zu sein (Lk 1,35). Was der Bote ihr zusagt, ist nichts weniger als ein prophetischer Auftrag, eine Beauftragung. Sie wird Gottes Geistkraft auf sich ruhen spüren, so dass sie die richtigen Worte haben wird. Sie wird dem schwer geprüften Volk sagen, dass es nicht vergessen wurde. Das ist es, was die Lieder der Frauen vereint: das Wissen, dass Gott sein/ihr Volk nicht vergessen hat. Sie singen von der Zuwendung Gottes. Hungrige werden satt, Mächtige entmachtet, Erniedrigte aufgerichtet. Immer wieder in der Geschichte werden Kinderlose zu Müttern und Vertriebene können heimkehren, weil der Krieg endet. Dies erzählen die Jubellieder. Die Zuwendung Gottes – und somit das Ende des Elends – ist der rote Faden des biblischen Glaubens. Er bildet die Geschichte Israels als Geschichte der Entrechteten, die zu ihrem Recht kommen werden.

Die Frauen bedanken sich nicht für ihre Schwangerschaften oder ihre Auserwählung, sondern dafür, dass Gott sich ihnen zuwendet. Maria und Elisabet sind vom Heiligen Geist erfüllt. Sie sagen den »Tagen des Herodes« das Ende an, denn die Zeit der Zuwendung Gottes bricht an. Die Bevölkerung kann aufatmen.

In diesem Sinne hieß auch Elisabet die neue Zeit willkommen (Lk 1,42). Heute würde sie vielleicht sagen: Dass du zu mir kommst, gibt mir Hoffnung. Du strahlst mich an und ich weiß, es ist noch nichts verloren. Mit dir und vielen anderen zusammen werden wir ein gemeinsames Haus bauen, einen Schutzraum für Vertriebene, in dem gesungen und gekocht wird, in dem viele Meinungen Platz haben, aber keine Respektlosigkeit. Erniedrigung von Menschen werden wir nicht zulassen – mit Gottes Hilfe wird es ein guter Ort werden, in dem Kinder gedeihen können. Denn Gott liebt Menschenkinder und freut sich am Anbruch einer neuen Zeit. In der Sprache der Psalmen heißt das: Ein gerechter König wird auf dem Thron Davids sitzen, der den Armen Brot und Recht zukommen lässt.

Elisabet verkörpert die neue Zeit, die Maria aus Nazaret ankündet. Ob jungfräuliche Geburt – ob Schwangerschaft nach der Menopause: Ihre Körper sind lebendig und Teil der neuen Zeit. Wenn apokalyptische Theologie enthüllen will, dann wird hier von Zacharias, Elisabet und Maria die Kraft Gottes enthüllt und den »Tagen des Herodes« das Ende angesagt.

9. Rose Schneiderman

Manchmal schüttle ich nur noch den Kopf. Arbeiten wir uns tatsächlich immer noch an der Jungfrau Maria ab und der Frage, wie ihr Kind gezeugt wurde? Dabei haben so viele Menschen – ja, auch

Frauen, junge und alte Frauen, gezeigt, was sie in sich haben. Ist es nicht einfach das, was Maria und Elisabet tun: Sie zeigen, was sie in sich haben? Welche Kraft in ihnen ist, wenn sie von Gottes Geistkraft getragen sind? Sie sind aufgestanden aus ihrer Erniedrigung als Sklavin oder als schlecht bezahlte Arbeiterin. Sie haben sich organisiert, so wie Maria ihre Gleichgesinnte aufgesucht hat und sich mit ihr verbunden hat. Maria und Elisabet stehen für unzählige Frauen, die sich solidarisiert und verbündet haben, die sich für ihr Recht und dasjenige von anderen eingesetzt haben, oder wie es Rose Schneiderman sagte:

»Was die Arbeiterin braucht, ist das Recht zu leben, nicht nur zu existieren – das Recht zu leben wie es auch reiche Frauen haben, das Recht auf Sonne und Musik und Kunst ... ArbeiterInnen brauchen Brot, aber auch Rosen.«[11]

Diese Worte gehören zu einer Rede, die Schneiderman anlässlich einer Gedenkfeier am 2.4.1911 gehalten hat. Im Triangle Shirtwaist Factory fire, einem der tödlichsten industriellen Brände der US-Geschichte, wurden 146 ArbeiterInnen getötet, davon waren 123 junge Frauen im Alten von 14 bis 23 Jahren.

Das Lied »Brot und Rosen« gilt als Lied der Arbeiterinnen, festgemacht werden die Zeilen bei der jüdischen Arbeiterführerin Rose Schneiderman. Sie wurde als Rachel Schneidermann (1882-1972) in einer jüdischen Familie in Polen geboren. Ihr Vater war

11 »What the woman who labors wants is the right to live, not simply exist — the right to life as the rich woman has the rights to life, to sun and music and art ...The worker must have bread, but she must have roses, too.« (Übersetzt von mir). https://mashable.com/article/london-womens-march-bread-and-roses (18.7.2023).

tatsächlich Schneider. Als Rachel acht Jahre alt war, wanderte die Familie nach New York aus. Da ihr Vater sehr früh starb, musste sie bereits mit dreizehn Jahren in einer Fabrik arbeiten und zum Unterhalt der fünfköpfigen Familie beitragen. Sie war dann etwa so alt wie die jüdischen jungen Mädchen, zu denen auch Maria von Nazaret gehört hatte.

Rose war eine ausgezeichnete Rednerin. So organisierte sie mit 21 Jahren an ihrem Arbeitsplatz in einer Hutfabrik den Beitritt der Arbeiterinnen zur jüdischen, sozialistischen Gewerkschaft »United Cloth Hat and Cap Makers' Union«. Später organisierte sie auch den Streik der internationalen Textilarbeiterinnen Union (International Ladies Garment Workers Union) 1909. 20.000 Textilarbeiterinnen streikten während dreizehn Wochen und forderten bessere Arbeitsbedingungen. 1915 unterstützte sie die amerikanische *Woman's Peace Party* und wurde Delegierte am *Internationalen Frauenfriedenskongress* in *Den Haag*. Nach Ende des Ersten Weltkriegs gehörte sie zur US-amerikanischen Gewerkschaftsdelegation bei der *Pariser Friedenskonferenz* (1919). Sie setzte sich zeitlebens für die Rechte von Arbeiterinnen und Arbeitern, wie auch für das Frauenwahlrecht ein.[12] Später wurde sie als erste Frau in das National Labour Advisory Board berufen, wo sie für die Öffnung der Sozialversicherung für die Hausangestellten kämpfte und für Lohngleichheit der Frauen.

12 Schneiderman war eine aktive Unterstützerin der zionistischen Bewegung in den USA und förderte die Ansiedlung des *Kibbuz Kfar Blum* in *Palästina*. Sie sorgte mit ihren Mitteln für die Unterstützung der in den 1930er bis Anfang der 1940er Jahre vor den deutschen Nationalsozialisten aus Europa geflohenen Juden. Sie hatte eine langjährige Beziehung mit der Gewerkschafterin *Maud Swartz* (1879-1937).

Rose hatte keine Kinder, sie lebte mit einer Frau zusammen. Oder hatte sie ganz viele »Kinder«, die sie beflügelten und für die sie sich einsetzte? Ich sehe in der biblischen Frauentradition – von Hagar, Rahel und Lea, Hanna, Judith, Miriam, Elisabeth und Maria, bis zu den Frauen im Grab Jesu und zu Rose Schneiderman – diese Kraft der Auferstehung, eine aufständische Kraft, die Leben und Gerechtigkeit einfordert. Die Bibel nennt diese Kraft Vertrauen oder Geistkraft. Alle Worte scheinen mir dafür zu ungelenk. Mit diesen Worten werden Lebenserfahrungen weitergegeben, die man erzählen muss, weil in ihnen die lebensweckende Macht namens Gott zum Tragen kommt.

Die Hoffnung, dass die Armen und die Erniedrigten zu leben beginnen, zum Leben auferstehen, ist die Hoffnung auf die Gerechtigkeit Gottes. Das Ringen um neues Leben ist nicht nur etwas rein »Biologisches«, es hat immer mit Gerechtigkeit, mit Brot und Rosen zu tun.

6
»Manchmal stehen wir auf.« Eine Annäherung an eine apokalyptische Spiritualität

1. Wachwerden

Manchmal ist es am Schreibtisch nur schwer auszuhalten. Schlechte Nachrichten erreichen mich, ohne dass ich es will, und dringen in mich ein, verpesten die Luft – es müsste auch hier einen Grenzwert geben. Aber, auch dieser würde wohl so lange diskutiert, bis er von den Tatsachen längst überholt wäre. Er würde zwischen Norden und Süden hin und hergeschoben wie das Problem des *global warming* – nur, damit der Profit in dieser Zeit weiter maximiert werden kann. Während dieser Konfusionen und Schiebereien einfach hier zu sitzen, im Bewusstsein der steigenden Resignation vieler und der von Angst vergifteten Atmosphäre, erscheint mir fast unerträglich.

Darum suche ich noch intensiver nach Hoffnung und nach Gerechtigkeit für die, die sie in diesem Leben nicht mehr erwarten. Meine Aufmerksamkeit richtet sich um so mehr auf die Schönheit der Erde, je mehr sie in Gefahr ist, verwüstet zu werden. Ich will sie nicht lassen, nicht aus meinen Gedanken entlassen. Ich will nach Quellen graben, die uns Mut geben. Mit »Mut« meine ich Kraft und Ermächtigung zum Gestalten des eigenen Lebens und Mitgestalten des Zusammenlebens zwischen Menschen und allen Lebewesen. Ich will mich nicht an das Bild gewöhnen, das die Nachrichten heraufbeschwören: das trostlose Bild des Niedergangs, des Endes der Demokratie und der Zivilisation. Ich will mich nicht an das Ende gewöhnen lassen.

Es gibt heute Vorstellungen des Endes, wie z.B. der nukleare Winter, die Erde nach einem Meteoriteneinschlag etc., die die Botschaft von der Zerstörung des Lebens verbreiten. Gut daran ist höchstens, dass wir zu begreifen beginnen, dass das Leben verletzlich und darum kostbar ist. Aber sonst sind das trostlose, hoffnungslose Botschaften, die in sich den Tod tragen. Was können wir solchen Todesfantasien entgegenhalten?

Daran möchte ich hier arbeiten. Die Botschaft von der Auferstehung der Toten am Jüngsten Tag klingt schwerverständlich und hilft nicht wirklich. Für mich bleiben die tanzenden Toten am Ende der Welt eine viel zu späte Erscheinung, zu weit von der Gegenwart entfernt. Ich möchte nach Auferstehungsgeschichten suchen, die voller Leben sind. Nicht, weil sie den Tod negieren und die Grenze des Lebens nach hinten verschieben wollen. Sondern, weil in ihnen ein Stachel steckt gegen das Sich-Gewöhnen. Mir gefällt an der biblischen Tradition, dass sie sich mit Hoffnungslosigkeit und Unrecht nicht abfindet. Darum gehe ich auf die Suche.

Ein guter Ausgangspunkt für diese Suche ist sicher der griechische Text der Evangelien. Meint auferstehen dasselbe wie aufstehen? Mir ist es ein Anliegen, nach den Auferstehungserfahrungen zu fragen, die sich nicht nur im Glauben, im Jenseits, in der Zukunft manifestieren können, sondern in unserem Leben, im Alltag, in unseren Händen und Körpern. In der apokalyptischen Theologie gibt es die Vorstellung der sich öffnenden Erde (Offb 6,12; 11,13), die für Auferstehung hilfreich ist. Darum werden wir sie hier genauer ansehen. Die sich öffnende Erde findet sich auch im Zusammenhang mit dem Tod Jesu und den Jüngerinnen am Grab. Sie überlieferten ja nicht nur die Botschaft der Auferstehung, sondern sie deuteten das leere Grab als Teil eines Verwandlungsprozesses, einer Erneuerung und Transformation, von der auch schon die Schwiegermutter des Petrus ergriffen worden war (Mk 1,30-31). Und das heißt: Auferstehung wurde bereits auf dem Weg der Jüngerinnen mit Jesus erlebt, nicht erst nach seinem Tod.

2. Aufstehen oder auferstehen?

Die beiden griechischen Vokabeln *egeirein* und *anistämi* werden in der Bibel für Bewegungen verwendet, die verschiedene Dimensionen umfassen: »aufstehen, aufrichten, aufwachen, aufwecken«, aber auch »sich erheben« im politischen Sinne von »Aufstand, aufständisch«. Allen Bedeutungen ist die Aufwärtsrichtung gemeinsam: vom bedrückten, niedergeschlagenen, kraftlosen am Boden Liegen – hinauf zum aufrechten auf den Füßen Stehen. Diese Bewegung ist immer auch eine dynamische, körperlich erfahrbare Bewegung.

Wenn »Auferstehung« vor lauter dogmatischen Gewichts ihre Bewegungskraft verliert, verliert sie an Verständlichkeit und

Glaubwürdigkeit. Auferstehung ist in der theologischen Sprache eine Art Kunstwort geworden, das niemals mit dem alltäglichen Aufstehen oder politischen Aufstand verwechselt werden soll. Es werden nur zwei Buchstaben eingefügt (Auf-Er-stehung), doch diese wirken wie eine Glaswand zwischen unserem alltäglichen Leben und den Evangelien. Diese Unterteilung in »religiös bedeutend« und »nur alltäglich« halte ich nicht für sinnvoll. Ist das Aufstehen nicht immer wieder ein Wunder? Gibt es doch so viele niederdrückende Gewichte und Gründe, den Mut zu verlieren! Mache ich jetzt die Auferstehung zu trivial, zu »wir alle sind ja auch schon irgendwie auferstanden«? Sicher haben viele Menschen in ihrem Leben tiefe Auferstehungserfahrungen gemacht. Aber diesen gingen große Verarbeitungsphasen, Trauerprozesse voran. Das neue Erwachen fällt niemandem einfach in den Schoß, obwohl es ein Geschenk ist. Wenn es geschieht, ist es wunderbar und Lebensfreude durchfließt den Körper.

Manchmal stehen wir auf
Stehen wir zur Auferstehung auf
Mitten am Tag
Mit unserem lebendigen Haar
Mit unserer atmenden Haut.
Nur das Gewohnte ist um uns.
Keine Fata Morgana von Palmen
Mit weidenden Löwen
Und sanften Wölfen.

Die Weckuhren hören nicht auf zu ticken
Ihre Leuchtzeiger löschen nicht aus.

Und dennoch leicht
Und dennoch unverwundbar
Geordnet in geheimnisvolle Ordnung
Vorweggenommen in ein Haus aus Licht.
Marie-Luise Kaschnitz[1]

Kaschnitz spricht vom Auferstehen mit Haut und Haar. Auferstehung geschieht mitten im Alltag und hat mit der körperlichen Existenz zu tun. Ich würde sagen: mit der Liebe zum Körper und zu allem, was uns ausmacht. Die Hoffnung auf Aufstehen hat nichts mit Vertrösten zu tun und sie gibt sich nicht mit »wenn du denn einmal im Himmel bist« zufrieden. Oft vergeistigen wir Auferstehung allzu schnell. Ich befürchte, dass wir uns damit etwas vergeben, etwas zerteilen, was unteilbar ist. Diese Teilung in körperlich-vergänglich und geistig-unvergänglich hat ihre Gründe in der Kulturgeschichte. Aber ist sie hilfreich für unseren Alltag, unsere Lebensbewältigung? Wir wissen doch, dass auch Wertvorstellungen, Tugenden und Ideale verblassen und ihre Kraft einbüßen können. Währenddem das Leben Spuren in unsere Körper einzeichnet, die unvergänglich sind. Zudem hinterlässt unsere materielle Lebensweise ganz handfeste Spuren auf dieser Erde und es wäre schön, wenn diese vergänglich wären. So geht diese Teilung in vergänglich-materiell und unvergänglich-geistig wirklich nicht auf. Was wir für unvergänglich hielten, erweist sich als zeitbedingte, manchmal sogar ideologisch-moralische Aussage. Und was wir für vergänglich hielten, für unwichtig und nebensächlich, zerstört nachhaltig Lebensräume.

1 Marie-Luise Kaschnitz, Seid nicht so sicher. Geschichten, Gedichte, Gedanken. Gütersloh 1979, 73f.

Leben ist geistigkörperlich erfahrbar, seelisch und sozial, emotional und sinnlich nehmen wir es in unterschiedlichen Dimensionen wahr und vermissen es je nachdem auf unterschiedlichste, körperlich und seelisch schmerzhafte Weise. Darum teile ich die biblische Sicht auf aufstehen/auferstehen, als dynamische Bewegung, die mitten im Tag statt am Ende aller Tage stattfinden kann. Manchmal stehen wir nur auf, das stimmt, manchmal aber richten wir uns neu auf, so dass anderes möglich wird, was wir nicht für möglich gehalten hätten.

3. Im Uterus der Erde

Die apokalyptische Tradition hat einen Weg gefunden, von der Erneuerung der Schöpfung zu sprechen, der mich fasziniert. Er beruht auf der Vorstellung der bewahrenden Erde, ihrem Uterus oder Mutterschoß, und geht davon aus, dass die Verstorbenen im Inneren der Erde vor ihrer Auslöschung und Vernichtung bewahrt sind.

Diese Vorstellung der bewahrenden Erde können wir auch heute gut verstehen, da wir über Jahrtausende die Verstorbenen in der Erde bestattet haben. Dass unsere Verstorbenen im »Schoß der Erde« liegen, klingt heute zwar etwas altertümlich, aber auch tröstlich. Wir finden den Ausdruck z.B. in Mt 12,40, wo es heißt, dass Jona drei Tage im Bauch des Fisches war und der Menschensohn drei Tage im Uterus der Erde sein wird. Statt Gebärmutter oder Uterus kennen wir den umschreibenden Ausdruck »Schoß«. Die neue Lutherübersetzung verwendet hier sogar den Ausdruck

»im Herzen der Erde«, was zwar schön klingt, aber der Vorstellung der Gebärkraft der Erde Abbruch tut.

Nun geht aber die apokalyptische Sprache noch einen Schritt weiter, als wir es gewohnt sind. Sie sucht nach Bildern für die Kraft, die über das Bewahren hinausgeht. Es ist eine Grünkraft in ihr, die hinausdrängt, die Leben hervorbringt und auch die Toten miteinbezieht. Diese Vorstellung ist weniger vertraut. Wir kennen die Frühlingskraft der Erde, auch das Keimen und Knospen unter der Erdoberfläche. Aber wie sollen wir uns das mit den Toten denken? Und vor allem, wieso ist es wichtig, die Toten hier mitzudenken?

Es ist eigentlich gar nicht so schwierig. Die Erde bewahrt die Spuren des Lebens, die Knöchelchen und Erinnerungen an früheres Leben – das wissen wir aus der Geschichtsforschung und der Archäologie. In der apokalyptischen Theologie werden die Erde, das Meer oder die Kammern in der Erde die Spuren der Gewalt freigeben, aufdecken, enthüllen. Eines Tages werden die Nachgeborenen ihre Toten finden und erkennen, was mit ihnen geschehen ist. Dies wird eine Verwandlung auslösen, im besten Fall kann Gerechtigkeit realisiert werden. Auch dieser Vorstellung kann ich etwas abgewinnen. Denken wir an forensisch-archäologische Aufarbeitung von Tatorten, auch von politischen Morden und ihrem Vertuschen. Da ist die Erde diejenige, die beim genauen Hinsehen zu erzählen beginnt, sie ist die Zeugin von Taten und die Bewahrerin der Spuren.

Dies sehen wir heute ganz konkret in Spanien, wo es aus politischen Gründen sehr lange gedauert hat, bis die Aufarbeitung des Bürgerkrieges von 1936-1939 beginnen konnte. Gegenwärtig läuft ein breit angelegtes Projekt namens *Mapas de Memoria / Maps of Memory* (Karten des Gedächtnisses), das von der Provinzverwaltung von Ciudad Real finanziert wird. Ein Teilprojekt widmet sich den Hingerichteten, die auf dem zivilen Friedhof von Almagro begraben wurden. Erst jetzt wurde dieser Teil des Friedhofs freigegeben, so dass Opfer des Franco-Regimes ausfindig gemacht und ihren Angehörigen zurückgegeben werden können. Ein Angehöriger, dessen Großonkel auf diesem Friedhof liegt, sagte: »Als die Ausgrabung begann, habe ich nicht viel gefühlt, aber als sie die erste Leiche fanden und ich den Schädel und die Füße eines Individuums sah, dachte ich: Wir sind jetzt hier, wir kommen, um dich zu finden.«[2]

Die Bergung der Leichen ist erst der Anfang des Prozesses, um die Verstorbenen zu identifizieren, ihnen Würde zu verleihen und ihren Familien einen Abschluss des Trauerprozesses und Frieden zu ermöglichen.

Auf diesem Hintergrund wird die Sehnsucht nach Frieden, nach Gewissheit über den Verbleib der vermissten Menschen noch deutlicher. In der apokalyptischen Rede von der Erde, die die Toten bewahrt und sie eines Tages zurückgibt, wird dieser Sehnsucht Ausdruck gegeben. Die bewahrende und zurückgebende Kraft der Erde ist also nicht nur eine Naturkraft, sondern auch eine Gerechtigkeitskraft. Wenn wir diese Kraft miteinbeziehen in die Vorstellung von der Auferstehung der Toten, dann ist Auferstehung kein Projekt der unendlichen Lebensverlängerung mehr, damit es immer weiter geht und wir nie Abschied nehmen müssen. Es ist vielmehr umgekehrt: Die Erde öffnet sich, damit wir Abschied nehmen und erkennen können, was geschehen ist, damit

2 Archäologie in Deutschland, siehe unter https://aid-magazin.de/2021/06/01/bergungen-von-vermissten-aus-spanischem-buergerkrieg/ (7.8.23)

wir begreifen, was sich zugetragen hat. Wir erhalten die Chance, mit dem Schmerz abzuschließen und die Unrechtsgeschichte zu beenden. Darauf hoffen auch heute unzählige Menschen. Diese Hoffnung ist nicht vergeistigt und unkörperlich, sondern vertraut auf die Mitarbeit der Erde, die die Spuren bewahrt, und auf all diejenigen, die nicht aufhören nachzufragen.

4. Das Gebären der Erde

In vielen apokalyptischen Texten geht es um das Ende der Leidenszeit und das Anbrechen einer neuen, lebensfrohen Zeit, wo Gott nahe ist und sich mit der Erde und ihren BewohnerInnen des Lebens freut. In manchen Texten finden wir die Fragen nach dem »wann«, »wie lange noch« – bis endlich diese Zeit kommt. Es gibt eine apokalyptische Ungeduld, die nicht länger nur hoffen und warten will, die nach Erfüllung drängt. Diese Ungeduld ist in unseren Breitengraden meist in freikirchliche Kreise abgewandert. Die Landeskirchen sind sehr geduldig geworden in der Hoffnung, ja die Geduld wurde lange als christliche Tugend gepriesen. Doch in apokalyptischen Texten finden wir nicht nur die Sehnsucht nach dem großen Zeitenwechsel, sondern auch Vorstellungen, wie dieser Wechsel vonstatten gehen wird. Die neue Erde fällt nicht einfach vom Himmel, ohne unser Zutun. Es wird eine Verwandlung geschehen, an der alle Kräfte mitarbeiten müssen, damit sie gelingt!

Grundlegend für diese Vorstellung ist der Uterus, der Mutterschoß der Erde. Das Erdinnere birgt eine Umwandlungskraft.

Darum ist der Leib der Erde in apokalyptischen Texten wichtig. Der Tod und das Leben sind mit dem Leib der Erde verknüpft. In einem Midrasch zu Psalm 1 spricht die Erde von sich:

> »Ich bin die Geliebte,
> in deren Schatten alle Toten
> der Welt verborgen sind.
> Und wenn der Heilige,
> gelobt sei er,
> sie von mir verlangt,
> so gebe ich ihm sein anvertrautes Gut
> zurück und erblühe wie eine Lilie ...«[3]

Im Inneren der Erde sind alle Toten geborgen. Der Leib der Erde ist wie ein Gedächtnis für alles Unrecht. Die Erde kann nicht vergessen. Die Erschlagenen und Gequälten sind zwar verstummt. Aber eines Tages öffnet sich die Erde und bringt all ihre Toten ans Licht und mit ihnen die Hoffnung auf Gerechtigkeit. In ihr schlummert der Traum der Auferstehung, sie weiß, dass sie eines Tages erblühen wird. Wie Lilien oder Osterglocken nach einem kräftigen Regen ihre Spitzen aus der Erde strecken und die Erde begrünen, so werden die aufstehenden Menschen aus dem Erdinneren sprossen und die Erde schmücken.

Das Jüngste Gericht, wie wir diese Geburt der Toten zu bezeichnen gewohnt sind, ist also nicht gegen die Erde gerichtet, gegen ihren Leib, auch nicht gegen unseren Leib. Vielmehr ist die

3 Siehe Midrasch zu Ps 1,20, in: August Wünsche, Midrasch Tehillim. Bd. 1. Hildesheim 1967.

Kraft der Erde derjenigen der Gebärmutter zu vergleichen: aus dem Inneren wird das »anvertraute Gut« (das Kind) mit aller Kraft ans Licht gedrängt. Denn ohne Wehenarbeit der Gebärmutter gelingt keine Geburt. Die Auferstehung der Toten hängt mit der Leibeskraft der Erde zusammen.

Im 4Esra, einem jüdischen Buch, das etwa zur selben Zeit wie die Johannes-Apokalypse geschrieben wurde[4], können wir das Bild der Mutter Erde deutlich finden. Das Buch enthält die Suche Esras nach Gott, nach Zukunft, und widerspiegelt die verzweifelte Lage vieler Menschen in der Generation nach der Zerstörung Jerusalems (um 70 n. Chr.). Der Verfasser stellt sich den Problemen, die sich nach der Niederlage des jüdischen Aufstandes ergaben. Er nimmt das Leiden der Menschen seiner Gegenwart wahr und lässt sich von ihm bewegen. Er streitet mit Gott und seinem Engel ähnlich wie einst Hiob. Warum bleiben die Gottlosen am Leben, fragte Hiob, warum deckt der Staub die Gottlosen und die Frommen gleichermaßen zu? (Hi 21,7-34). Ganz ähnlich fragt Esra: Handeln denn die EinwohnerInnen Babels (resp. Roms) besser als wir? Warum denn werden wir vernichtet?

Der Gesprächspartner Esras – eine Lichtgestalt oder ein Engel – antwortet auf die ungeduldige Frage, ob Gottes neue Welt wegen der vielen Sünder aufgehalten werde, folgendermaßen:

4 Josef Schreiner, Das 4. Buch Esra, in: Jüdische Schriften aus hellenistisch-römischer Zeit. Bd. V/4. Gütersloh 1981. Siehe auch: Luzia Sutter Rehmann, »Vom Ringen um neues Leben, der sich erfüllenden Zeit und der Verwandlung der Erde«. Kommentar zum 4. Esra. In: Luise Schottroff, Marie-Therese Wacker (Hg.), Kompendium feministische Bibelauslegung. Gütersloh 1998, 450-458.

Geh hin und frage die Schwangere,
ob nach neun Monaten noch ihr Schoß
das Kind bei sich behalten kann?
Ich sprach: Gewiss nicht, Herr!
Er sprach zu mir:
Dem Mutterschoß gleich sind in der Unterwelt
die Wohnungen der Seelen.
Denn, wie eine gebärende Frau
sich von ihren Wehen recht bald befreien will,
so eilen jene auch,
zurückzugeben, was ihnen ward von Anfang an anvertraut.
4Esra 4,40-42 (s.o. Anm. 3)

In diesen Versen sehen wir, wie die Kammern der Erde (ihr Uterus) sich beeilen, um die Toten aufstehen zu lassen. Ihre Auferstehung wird mit einem Gebärprozess verglichen, auf den niemand Einfluss nehmen kann. Darum können auch die SünderInnen den Zeitpunkt nicht hinausschieben – auch wenn sie es noch so sehr wollten. Die Kraft der Erde ist größer als die aufhaltende Kraft derjenigen, die immer weitermachen wollen und nicht bereit sind für das, was die Erde zu enthüllen hat. Wenn die Erde die Toten aus sich entlässt, wird Gott gewissermaßen in den Erdschichten, in den Gräbern und Ruinen lesen, was geschehen ist. Die Erde wird zum offenen Buch des Unrechts und des gesammelten Leids all derer, die in ihrem Schoß begraben wurden, resp. daraus hervortreten.[5]

5 Quellentexte dazu in: Luzia Sutter Rehmann, Geh, frage die Gebärerin! Feministisch-befreiungstheologische Untersuchungen des Gebärmotivs in der Apokalyptik. Gütersloh 1995, 167.

Auch im Danielbuch (2. Jh. v. Chr.) ist die Hoffnung auf Gerechtigkeit mit dem Erwachen der Toten in der Erde verknüpft. Der Tag wird kommen, an dem die Toten aufwachen und alles Unrecht aufgedeckt werden wird. Dem kleinen Volk des Daniels, das von den Babyloniern besiegt und abgestraft wurde, wird endlich Gerechtigkeit widerfahren.

In jener Zeit wird dein Volk gerettet werden, alle, die ins Buch eingetragen gefunden werden. 2 Viele, die im Erdboden schlafen, werden aufwachen, die einen zum ewigen Leben, die anderen für immer gering geschätzt und verabscheut. Dan 12,1-2 BigS

In derselben Vorstellungswelt schreibt auch Johannes in der Offb, wenn er von einem neuen Himmel und einer neuen Erde träumt (Offb 21,1-3). Johannes sieht diese Verwandlung jetzt schon vor sich, wie die Bücher geöffnet werden, in denen die Spuren der Gewalt sich niedergeschlagen haben:

Ich sah die Toten, die Großen und die Kleinen, vor dem Thron stehen. Die Bücher wurden geöffnet ... 13 Das Meer gab die Toten her, die in ihm waren, und der Tod und das Totenreich gaben die Toten her, die in ihnen waren. Alle wurden nach ihren Taten gerichtet. Offb 20,12-13 BigS

Das Öffnen der Bücher wird mit dem Öffnen der Erde verbunden. Das Meer, der Tod und der Hades (das Totenreich) repräsentieren das Erdinnere, die Kammern, in denen die Toten bewahrt bleiben, bis sie gerufen werden.

Es gibt die Erde wieder, die darin schlafen,
der Staub, die stille in ihm ruhen,
die Kammern jene ihnen anvertrauten Seelen.
4Esra 7,32

Die Erde öffnet ihre Kammern, entlässt die Toten, gibt ihr »Pfand« zurück. Es ist eine Art schöpferische Aufräum-Arbeit, die die Erde und Gott miteinander teilen. In der neuen Welt wird es keine »Altlasten« mehr geben. Dann wird die Geschichte erzählt, wie sie sich abgespielt hat, und die unheilvollen Schichten der Vergangenheit können aufgearbeitet werden. Das Öffnen von Gräbern bringt die Spuren vergangener Gewalt zu Tage.

Die Erde hat aber nicht nur die bewahrende Kraft, die die Toten schlummern lässt. Aus ihrem Innern kommen auch die Schätze, die die neue Welt schmücken werden (Offb 21,10f). Ich sehe hier keinen Graben zwischen dieser Welt und jener, der auf Leiblichkeit beruhen würde. Der Unterschied zwischen der jetzigen und der kommenden Welt liegt in der realisierten Gerechtigkeit. Die Erde muss nicht »überwunden« werden. Sie ist es ja, die die Geburtsarbeit leistet und die Mutter der neuen Welt sein wird! Die Auferstehung ist in apokalyptischer Sicht nicht dualistisch, unkörperlich, sondern kosmisch gedacht (vgl. auch Röm 8,18-25). Der ganze Kosmos, also die ganze Schöpfung – Erde, Meer, Gestirne, alle denkbaren Kräfte – beteiligt sich an der Verwandlung der Welt.

5. Die Erde hat sich geöffnet!

Auch die Auferstehung Jesu hat mit der gebärenden Erde zu tun. Oder umgekehrt: Die Vorstellung, dass im Inneren der Erde transformative Kräfte wirken, geheimnisvolle Lebens-Energien, prägte die Interpretation des leeren Grabes.

Ein in der Apokalyptik weit verbreitetes Motiv ist das Dunkelwerden der Sonne, das Verfinstern der Gestirne (Ez 32,7f; Amos 8,9; Joel 3,4; 4,15; Mk 13,24-27; Lk 21,25; Mt 24,29; Offb 7,16; 9,2). Ohne dieses Dunkel hier ganz ausdeuten zu wollen, macht es das Mitleiden, resp. Mitarbeiten des ganzen Kosmos deutlich. Bei der Hinrichtung Jesu kommt Finsternis über das Land, d.h. die Sonne verhüllt sich vor Trauer und Entsetzen.

46 Von der sechsten Stunde an kam eine Finsternis über das ganze Land bis zur neunten Stunde ... 51 Und seht, der Vorhang des Tempels riss von oben bis unten in zwei Teile, die Erde bebte und die Felsen barsten, 52 die Gräber öffneten sich und viele Leiber der entschlafenen Heiligen standen auf. Mt 27,46.51-52 BigS

Diesen Erzählzug der Verfinsterung finden wir in allen drei synoptischen Evangelien. Das Matthäusevangelium fügt noch weitere apokalyptische Erzählzüge hinzu: das Beben der Erde und das Öffnen von Grabhöhlen. Mt 27,52 ist eine Vorwegnahme der Auferstehung, die uns eigentlich hellhörig machen sollte. Hier bebt die Erde, sie öffnet sich und lässt Tote aufstehen, weil die Hinrichtungen auf Golgatha ein riesiges Unrecht waren. Die Erde mag nicht mehr an sich halten, sie will nicht länger Schauplatz der Gewalt sein. Sie hat genug – wie auch die Sonne, die nicht mehr brennen will (s. Offb 6,15-17).

Die Vorstellung von der sich öffnenden Erde finden wir auch in der Erzählung von den Jüngerinnen, die Jesus nach der Kreuzigung suchten. Maria Magdalena, die Maria des Jakobus und Salome (Mk 16,1) brachen im Morgengrauen auf, um ihren toten Freund zu salben. Sie wussten, wo Jesus in eine Gruft gelegt worden war (Mk 15,46), und dass diese mit einem großen Stein verschlossen war. Darum fragten sich die Frauen, wer ihnen den Stein vom Eingang der Grabhöhle wegwälzen wird (Mk 16,2). Doch am Morgen war der Stein weggewälzt. Die Grabkammer war offen und der Leichnam war weg. Soweit der nüchterne Tatsachenbericht der Frauen. Das Markusevangelium erzählt aber auch von einem Schrecken, den sie erlebt hatten (Mk 16,5). Ihnen wurde heiß und kalt. Was war los? Was war geschehen? Wo war der Leichnam? Und warum war der Stein weggewälzt? Unzählige Fragen brachen auf und forderten die Frauen heraus, das Erlebte zu verstehen.

Eines der Erklärungsmuster, das ihnen zur Verfügung stand, war die apokalyptische Vorstellung der sich öffnenden Erde. Der Leichnam Jesu ruhte im Schoß der Erde, bis Gott von der Erde ihr anvertrautes Gut zurückfordert (vgl. auch 1Mose 4,10). Die Jüngerinnen brachten den weggewälzten Stein mit der Gerechtigkeitsarbeit Gottes in Zusammenhang. Die Erde hat gebebt, sich geöffnet und den Toten zurückgegeben – er ist auferstanden! Das Markusevangelium erzählt mit dem weggewälzten Stein nicht nur ein kleines Detail des Grabbesuches, sondern stellt einen großen apokalyptischen Zusammenhang her.

Die drei Jüngerinnen, von denen Markus erzählt, kannten die Schriften und hatten sie in der Gemeinschaft mit Jesus studiert und diskutiert. Vermutlich kannten sie auch andere Auferstehungsgeschichten, die ihnen halfen, das leere Grab zu deuten. Denn die Auferstehung Jesu war nicht präzedenzlos. Vielleicht erinnerten sie sich an das Auferstehungserlebnis der Witwe in Sarepta (1Kön 17,7-24). Der Prophet Elia war während einer schrecklichen Hungersnot zu ihr gekommen. Sie hatte nur noch Mehl für ein letztes Brot für sich und ihren Sohn. Aber Elia hungerte und bat sie, mitessen zu dürfen und segnete dafür ihren Mehltopf und Ölkrug, dass sie nie mehr leer sein mögen (1Kön 17,15-16). So entkamen sie dem Hunger. Doch eines Tages wurde der Sohn krank und starb. Elia wusste Rat und nahm den Toten in seine Kammer und erweckte ihn zu neuem Leben. Danach brachte er ihn wieder seiner Mutter. Da sprach die Frau zu Elia:

Nun weiß ich dies: Du bist ein Gottesmann und das Wort der Ewigen ist in deinem Mund Wahrheit. 1Kön 17,24 BigS

Diese Auferstehungsgeschichte ist in zweierlei Hinsicht für uns wichtig. Erstens ist der Ort der Auferstehung bedeutungsvoll. Die Auferstehung des Sohnes geschieht in der Kammer des Elia. Die kleine Kammer schirmt das Geschehen ab. Warum kann Elia den Sohn nicht auf der Stelle lebendig machen? Warum trägt er ihn in die Kammer, ins Obergeschoss des Hauses? Warum folgt ihm die Mutter nicht auf den Fersen, sondern wartet im Untergeschoss? Außenstehende sehen nicht, wie das Aufstehen von sich geht. Es bleibt ein Geheimnis, etwas, das sich in keinem Sprachbild wiedergeben lässt, etwas, das vielleicht so subjektiv und intim ist, dass es mystisch bleiben muss. Aber wie bei Jesus geschieht auch hier das Geheimnisvolle in einer Kammer.

Zweitens sind die Worte, die das geheimnisvolle Geschehen um Elia interpretieren, Worte einer Frau. Sie sieht die Tatsache des neu geschenkten Lebens – und verbindet das Geheimnis mit Gott. Sie gibt dem Ereignis damit einen tiefen theologischen Sinn. Sie bleibt nicht bei einem »Danke vielmals« stehen. Sie bezieht diese Auferstehung auf ihre Geschichte mit Gott. Sie hat Gott in der Hungersnot erlebt: Er/sie kam zu ihr als nie versiegendes Öl und ernährendes Mehl. Gottes Segen bewahrte sie und ihren Sohn vor dem Verhungern. Sie erlebte in dieser Zeit die lebensrettende Macht namens Gott. An diese Erfahrung knüpft sie jetzt an. Sie erkennt eine Kontinuität der Nähe Gottes. Gott ist kein Trug, sein Wort ist wahr, d.h. er/sie ist wirklich und wirksam und auf ihrer Seite im Kampf gegen den Tod.

Diese Beobachtungen lassen sich auf die Erfahrung der Frauen am Grab Jesu beziehen. Die Auferstehung geschah im Inneren der Erde, in der Grabhöhle. Niemand hatte sie miterlebt. Sie musste geschehen sein, bevor die Frauen kamen. Zudem erfahren wir diese Auferstehungsgeschichte von Frauen. Sie teilen uns ihre Überzeugung mit, dass im Inneren der Erde Transformation geschehen kann. Sie sind es, die sagen: »Wir haben die Gestalt eines jungen Mannes gesehen, der ein strahlend helles Gewand trug. Da erbebten wir vor Ehrfurcht«. (Mk 16,5) Sie verknüpften ihr Erlebnis mit der lebensweckenden Macht Gottes.

Die Frauen waren Jesus von Galiläa an gefolgt (Mk 15,41). Sie sind darum nicht zufällig die ersten Zeuginnen seiner Auferstehung. Der Blick dieser Frauen begleitet Jesus auf seinem Weg von Anfang an. Ihre Augen sahen seine Hinrichtung, sie sahen auch seine Grablegung. Ihr Sehen ist mit Anteilnehmen, Verstehen, Wahrnehmen und Deuten verbunden. Sie sind Augenzeuginnen – sie sahen, was wirklich geschah. Damit wird ihr Sehen zur Perspektive, aus der wir Lesenden am Geschehen teilhaben können. Ihr Sehen hat nichts mit Zuschauen zu tun. Sie gingen den ganzen Weg mit und nahmen das Risiko einer Verhaftung auf sich, als sie das Grab eines Hingerichteten besuchten (Mk 16,1-8). Dieses risikobereite, genaue Hinsehen macht sie zu den Auferstehungszeuginnen (vgl. Lk 1,3), die den weggewälzten Stein wahrnahmen und die geheimnisvolle Transformation mit Auferstehung benannten. Das bedeutet, dass sie bereits eine Kategorie gekannt haben mussten, die die Kraft des Aufstehens umfasste. Vielleicht waren sie selbst schon aufgestanden – wie Maria, als sie vom göttlichen Boten beauftragt wurde, aufzustehen und nach Judäa zu gehen (Lk 1,39) – und hatten mit der Kraft der Auferstehung bereits ihre Erfahrungen gemacht.

6. Die erste Auferstehung

Die erste Auferstehungsgeschichte, die das Markusevangelium erzählt, ist diejenige der Schwiegermutter des Simon Petrus. Sie wohnte in Kapernaum, im nördlichen Galiläa, und gehört damit zu den Frauen, die Jesus von Anfang an nachfolgten (Mk 15,41).

Die Schwiegermutter Simons aber lag darnieder und hatte das Fieber; und alsbald sagten sie ihm von ihr. 31 Und er trat zu ihr, ergriff sie bei der Hand und richtete sie auf; und das Fieber verließ sie, und sie diente ihnen. Mk 1,30-31 Luther

Diese Erzählung erhält meist wenig Aufmerksamkeit. Sie ist sehr kurz, umfasst ja nur zwei Verse. Aber sie ist die erste Frauengeschichte des Markus und die erste Auferstehungsgeschichte. Um zu merken, dass es um Auferstehung geht, müssen wir auf den griechischen Text zurückgreifen. Denn die Frau lag zwar darnieder, aber sie starb nicht. Sie stand aber auf. Nur dank dem griechischen Wort *egeirein* (sich erheben, aufrichten) finden wir die Verbindung zur Auferstehung. Dies ist das Verb, das auch für die Auferstehung Jesu verwendet wird (Mk 16,6). Jesus richtete die am Boden liegende Schwiegermutter auf.

Dieses Verb findet sich also in Mk 1 und in Mk 16. Es bildet damit gleichsam die Klammer um das ganze Evangelium. Jesus hörte von ihr, ging zu ihr hin und ergriff ihre ausgestreckten Hände. Vielleicht hatte sie ihre Hände über ihren Kopf erhoben und geklagt, geweint, so dass ihre Hände vor Verzweiflung ins Leere griffen. Jesus trat zu ihr hin und hielt sie. Damit tröstete er sie und richtete sie auf. Die Frau erhob sich und diente in der Jesusbewegung. Sie wird die erste Dienerin des Wortes (siehe Lk 1,5).

Markus erzählt im ersten Kapitel vom Werden der Jesusbewegung. Schon lange vor Jesus gab es Propheten (Mk 1,2-3), und neben und mit ihm wirkte der Prophet Johannes (Mk 1,4-8). Jesus stellte sich in diese prophetische Tradition, indem er sich von Johannes lehren und taufen ließ. Es ist nicht genau fassbar, welche Beziehung ihn und Johannes verband. Aber nach dessen Verhaftung und Hinrichtung wurde Jesus radikalisiert. Er trat in die Fußstapfen des Johannes und übernahm seine Aufgabe, weil sie auch ihm wichtig erschien.

Das erste Wort Jesu, das Markus uns überliefert, ist die apokalyptische Zeitansage:

Die Zeit ist erfüllt, und das Reich Gottes ist nahe herbeigekommen. Mk 1,15 Luther

Jesus hält die Zeit für reif, dass etwas geschehen muss. Es muss etwas geschehen! Darum sammelt er Menschen um sich. Eine Bewegung nimmt ihren Anfang. Interessant finde ich, dass er Brüderpaare um sich scharte (Mk 1,16.19). Offenbar suchte er Männer, die fähig waren, einander Brüder zu sein. Jesus lehrte am Sabbat in den Synagogen, im Herzen der jüdischen Gemeinde. So wird es ausführlich in Mk 1,21-28 erzählt. Im Anschluss an den Synagogengottesdienst luden die Brüder Andreas und Simon ihn zu sich ein. Dort erfuhr Jesus von der Schwiegermutter, die am Boden lag. Die Brüderlichkeit der ersten Jünger ist der Grund, dass diese Frau überhaupt in unseren Blickwinkel gelangt. Sie erzählten Jesus von ihr, da sie um sie besorgt waren. Allerdings überliefert das Markusevangelium ihre Worte nicht, so dass es offen bleiben muss, was die Schwiegermutter hatte. Wir können nicht erraten, welche Krankheit die Frau hatte, ja, ob sie überhaupt krank war. Es ging ihr schlecht, ein Feuer brannte in ihr, das sie zu verzehren drohte.

Jesus ging zu der Frau und ergriff ihre Hände. Auch hier geschieht also etwas Geheimnisvolles in einer Kammer. Allein sie weiß, was mit ihr geschah, was es bewirkte und auslöste, dass ihre Hände gehalten wurden. Im Text steht nur: sie stand auf und diente.[6] In den meisten Kommentaren können wir lesen, dass sie die Männer nun bediente. Wir sehen sie dann vor unserem geistigen Auge Speisen auftragen und hin- und herrennen. Doch

6 Zu »dienen« siehe: Luise Schottroff, »DienerInnen der Heiligen« in: Befreiungserfahrungen. Studien zur Sozialgeschichte des Neuen Testaments. München 1990.

davon erzählt das Markusevangelium nichts. Wir müssen bedenken, dass diese Geschichte an einem Sabbat spielt. Jesus kam ja direkt von der Synagoge ins Haus von Andreas und Petrus. Am Sabbat ruhte aber jegliche Arbeit (Dtn 5,12-15), sicher auch diejenige in diesem Haus. Dass die Frau nach ihrer Genesung Hausarbeit verrichtete, die an einem Sabbat nicht getan werden sollte, ist unwahrscheinlich. Ihr Dienen kann nicht Feuermachen, Kochen und Bedienen am Tisch gemeint haben.

Lassen wir uns das Wort »dienen« lieber von Markus selbst erklären. Er braucht es nämlich schon früher. Als Jesus in der Wüste war, heißt es:

Und er war in der Wüste vierzig Tage und wurde versucht von dem Satan und war bei den Tieren, und die Engel dienten ihm. Mk 1,13 Luther

Hier finden wir Engel, die dienen. Freilich können wir uns auch Engel kochend vorstellen, aber wir zögern vielleicht doch eher als bei einer Frau, oder? Aber eigentlich ist es doch auch bei ihr Unsinn: Da lag eine Frau krank oder elend darnieder und wird dann auf wunderbare Weise aufgerichtet. Ist es dann das Naheliegendste, dass sie als Reaktion sogleich für die jüngeren Männer Kaffee kocht? Wäre es nicht passender, dass sie zuerst ihre NachbarInnen ruft, herbei zu kommen und sich mit ihr zu freuen, dass sie wieder zu Kräften gekommen ist? (vgl. Lk 15,8-10)

Wenn wir heute, zweitausend Jahre später versuchen, einen Blick in das Haus in Kapernaum zu werfen, müssen wir unbedingt den Krieg mitbedenken, der von 66 bis 70 in Galiläa und Judäa gewütet hatte. Denn das Markusevangelium wurde unmittelbar nach der Zerstörung Jerusalems geschrieben. Es weiß um die unfassbare Not, die die Kriegsparteien über die Bevölkerung gebracht hatten. Ihre Gewalttaten wurden nie untersucht und kein Täter je verurteilt. Hingegen wurden mehrmals römische Münzen geprägt mit der triumphalen Aufschrift *Judaea capta* (Judäa ist gefangen) und im ganzen römischen Reich verbreitet. Judäa ist zu sehen als am Boden kauernde, gebeugte Frau. Diese Siegesbotschaft verhalf dem Feldherren Vespasian zur Kaiserwürde. Was aber geschah mit der Bevölkerung in dieser Zeit? Wie erging es den Frauen nach dem Krieg? Judäa krank, besiegt, geschlagen am Boden ... und das erste Haus, das wir im Markusevangelium als LeserInnen betreten, zeigt uns eine am Boden darniederliegende Mutter. Wir erfahren keine Details aus ihrem Leben. Aber, so können wir vermuten, was sie getroffen hatte, ragte weit über ihr Haus hinaus. Galiläa wurde von den römischen Heeren mit Feuer überzogen.

Am Ende der langen Kriegsjahre lag die Frau am Boden, der Sabbat brachte sie nicht zum Aufstehen. Als Jesus von ihrem Schicksal hörte, trat er zu ihr und ergriff ihre Hände. Diese Geste verstehen wir auch heute. Wenn jemand untröstlich ist und keine Worte mehr zu sagen sind, fassen wir nach den Händen, drücken sie leicht, um auszudrücken, dass wir da sind. Du bist jetzt nicht allein, wir lassen dich nicht allein. Ist es das, was der Schwiegermutter Kraft gab?

Vielleicht ist in dieser Geste auch eine Erinnerung an einen Vers aus den Klageliedern zu hören:

Zion streckt flehentlich ihre Hände aus, doch da ist niemand, der sie tröstet. Der HERR hat gegen Jakob aufgeboten seine Feinde ringsumher; Jerusalem ist unter ihnen zum Abscheu geworden. Klgl 1,17 Schlachter

Hier geht es um Zion, die Stadtfrau Jerusalem, die von kriegerischen Heeren bedroht und mit Feuer beworfen wird, bis sie eingenommen wird. Niemand kommt der Stadt zu Hilfe, sie wird allein gelassen in ihrer Not. Ihre ausgestreckten Hände erreichten niemanden, niemand kam zu Hilfe.

Als Folge des Beistands oder der Tröstung stand die Schwiegermutter auf (*egeirein*). Ihre Hände ragten nun nicht mehr klagend und verzweifelt in die Luft, sondern begannen zu dienen. Die Schwiegermutter diente, wie es die Engel in Mk 1,13 taten. Von Anfang an ist die Jesusbewegung eine Aufstehbewegung. Die Schwiegermutter gehört zu der Generation, die Schreckliches mitangesehen hat. Sie braucht Trost, wie die schwer getroffene Bevölkerung nach dem Krieg. Bildlich gesprochen: Zion soll sich aus dem Staub erheben, die Stadt und ihre Bevölkerung brauchen dringend eine Zukunftsperspektive! Die Hände der Frau haben in den Händen Jesu Halt gefunden, Kraft durchströmte sie einen Moment lang. Auf solche Momente legt das Markusevangelium von Anfang an sein Augenmerk. Nehmt solche Momente wahr und nehmt sie mit, scheint es den LeserInnen zu sagen, ihr werdet sie brauchen.

Vielleicht war eine der Frauen am Grab die Schwiegermutter aus Kapernaum? Jedenfalls konnten die Jüngerinnen beim Versuch zu verstehen, was sie im Grab in der Nähe des Todes erlebt hatten, auf die Auferstehungserfahrung der ersten Jüngerin zurückgreifen. Denn aus Galiläa waren sie ihm gefolgt, nach Galiläa zog es sie nun zurück (Mk 16,7). Somit schließt sich der Bogen, der von der Auferstehung der Schwiegermutter ausgegangen war und bis zur Auferstehung Jesu führte.

Auferstehung als erfahrbare, körperlichgeistige Kraft zuzulassen, meint nicht »für wahr halten, dass es Auferstehung gibt«, sondern merken, dass Menschen aufstehen können oder schon aufgestanden sind, und dass auch wir dank dieser Kraft auferstehen werden oder können. Diese Kraft im Inneren der Erde und ihrer Menschen wird uns helfen, die heute anstehenden Transformationsprozesse zu durchleiden, zu durchleben und mitzuarbeiten, wo es dringend nötig ist. Wie die Erde ohne diese Kraft aussehen würde, kann ich mir nicht ausmalen. Nicht einen Tag lang würde sie bestehen. Und wir Menschen zehren von dieser Kraft der Erde und manchmal spüren wir sie in unserem Inneren, in unserem Bauch wie Elisabet (Lk 1,41) und wir beginnen ein Lied zu summen oder zu dichten oder machen einen Hüpfer, wohlwissend, dass dies erst der Anfang ist.

Auf viele von uns wartet
im Innersten eingepackt
eingemummt in Schichten des Schmerzes
wie Zwiebeln im Keller
schlummernd, flüsternd
den Morgenwind in den Haaren, unbeschwert
Der Traum vom Leben

Gott behüte seinen Schlaf
nicht länger
wälze den Stein,
öffne die Erde:
Die Zeit ist erfüllt!

Und viele von uns strecken sich aus
lieben einander ins Licht

Sie kommen mit Salben
mit Trommeln und Liedern
sie rufen mich wach –
die Kraft des Wünschens
verzaubert zumindest die Gegenwart
lässt keinen Stein auf dem anderen.
Luzia Sutter Rehmann

Penguin Random House Verlagsgruppe FSC® N001967

1. Auflage

Umschlagmotiv: Niki de Saint Phalle »My Monster«, 1968 (60/100),
© 2023 Niki Charitable Art Foundation / ADAGP, Paris / Frankreich;
© der Vorlage: Moderna Museet, Stockholm / Schweden
Druck und Bindung: GGP Media GmbH, Pößneck
Printed in Germany
ISBN 978-3-579-06234-1
www.gtvh.de